Тар Сахно

ЯК РОБИТИ СВІТ ЦІКАВИМ

перший у світі підручник
з концептології

Перекладено за підтримки Василя Ходака
редактор перекладу Олена Червонюк

§ 1 ALL THAT SURROUNDS US USED TO BE JUST IDEAS. INTRODUCTION TO CONCEPTOLOGY

Перед початком озирніться навкруг себе. Що ви бачите? Радше за все, абсолютно звичні речі: столи, стільці, інші меблі, кухонне начиння, техніку, будинки, вітрини, вікна, машини, транспортні розв'язки. Ми звикли до того, що нас оточує. Уже не уявляємо свого шляху на роботу без автобуса, метро, таксі або особистого автомобіля. Без ароматної кави в паперовій склянці з улюбленої мережевої кав'ярні. Без кондиціонера, який охолоджує кабінет, коли за вікном занадто спекотно. Без багатьох речей ми вже не мислимо наш побут, і всі вони бачаться нам звичайними. Здається, вони завжди такими й були. Ніби для того, щоб їх винайти, люди практично не докладали зусиль – і все органічно стало таким, як воно є зараз. І, можливо, вам стає сумно, коли ви думаєте, ніби у світі стільки всього винайшли, що немає місця чомусь радикально новому, революційному й незвичайному. Хочу вас запевнити – це не так. І ця книга здатна переконати вас у істинності такого твердження.

Та повернемося до предметів побуту. Усе, що нас оточує, раніше було фантазією та ідеєю, спостереженням, припущенням та мрією. Але як тільки людству знадобилося задовольнити свій конкретний запит, та ще й чимось відчутним та матеріальним, — ось тоді й зародилося фактичне матеріальне рішення. І це базова теза, яку вам варто запам'ятати перед тим, як розпочати вивчати концептологію.

Концептологи були завжди, і вони неодмінно були крутими

І це не літературне перебільшення. Хоча раніше не існувало слова «концептологія», це зовсім не означає, що не було концептологів. В історії є безліч прикладів того, якими були перші концептологи. Ми називаємо їх винахідниками-революціонерами, тими, хто придумав щось таке, що перевернуло світ науки, прогресу та всього іншого. Наприклад, Леонардо да Вінчі. Він мав не просто талант художника, а й високий рівень того, що сьогодні ми називаємо креативністю. Він значно випереджав своїх сучасників і винаходив те, що просто не могли реалізувати за допомогою технологій та інструментів, наявних у XV-XVI століттях. Але те, що вигадав Леонардо, стало згодом прообразом багатьох речей, якими користуємося ми. Чому Леонардо можна сміливо називати концептологом? Тому що він вигадував, як вирішити різні проблеми людей XV-XVI століть. І не просто вигадував, а детально промальовував та прописував. Отже, створював реальні концепти.

Наприклад, зразок сучасного водолазного костюма. Водолазний костюм вчений створив зі шкіри. Шолом був зі скляними лінзами. Взуття оснащувалося спеціальними металевими обтяжувачами. Для того, щоб людина дихала в такому костюмі, геній придумав спеціальний дзвін, який треба було опустити у воду. Від нього до шолома водолаза тяглися трубки для надходження повітря. Звідки виникла така потреба? Щоб костюми одягали воїни та могли топити ворожі судна. Або перший прототип парашута. У той час, коли жив Да Вінчі, не було й натяку на літальні апарати. Як він міг винайти парашут? Ідея була в тому, щоб створити такий апарат, який допоможе плавно переміщатися повітрям, «планувати», а не падати. Потім був дельтаплан. На його створення Леонардо надихнули кажани. Він любив спостерігати за природою та черпати там ідеї. Так виник прообраз гвинта гелікоптера. Геній просто підглянув його, коли спостерігав, як з дерева злітає насіння-крилатка. І це не межа. Були ще й прототип велосипеда, прожектора, автомобіля. А ще Да Вінчі придумав першого робота! Точніше, механічну людину. Він довго й пристрасно вивчав анатомію людини та дійшов висновку, що м'язи допомагають тілу рухатися. Тут йому й прийшла ідея, що можна створити щось схоже. Ну, якщо не створити, то принаймні придумати й намалювати в подробицях. Якби в часи Леонардо були більш сучасні технології, то світом їздили б авто й літали б гвинтокрили. Але ви тільки вдумайтеся, якими ж сміливими та нереальними видавалися його ідеї тоді!

Ще одним концептологом можна назвати Миколу Теслу. Геній також випереджав свій час і подарував світу стільки чудових ідей. І багато з них все ще не реалізовані, але хто знає, може, з часом... Він придумав паровий електричний генератор, який повинен був замінити поршневі парові двигуни. Але він ще й хотів зробити цей генератор маленьким, таким, щоб носити в кишені. Про котушку Тесли чули всі, хоч зараз її можна знайти тільки в музеях. Вона стала зразком збільшувального передавача. Його ідея полягала в тому, щоб можна було генерувати електрику на відстані. Декілька таких передавачів — і по всьому світу є струм. З великою вірогідністю ця ідея стала підґрунтям винаходу супутникового інтернету Ілона Маска.

Найсучасніший приклад — Стів Джобс. Він не лише сміливий винахідник, а й чудовий маркетолог. І, звичайно ж, концептолог. Він знав, як задовольнити запити людства, умів якісно реалізовувати різноманітні бажання людей. Наприклад, зауважив, що людям важливо вирізнятися і бути статусними – створив айфон, який хотіли практично всі. Зауважив, що тим, хто працює у сфері діджиталу, необхідні крута якість картинки та зручність роботи з графічними програмами — створив iMac, а потім придумав MacBook і вирішив зробити його тонким, стильним та зручним. Такий можна було брати з собою в поїздки та працювати з будь-якого куточка світу. Джобс задав такий темп і розворушив усіх конкурентів, мотивував їх робити круто та якісно. Можливо, саме йому ми зобов'язані тим, що у світі техніки є моделі-флагмани.

Чи варто говорити, який прибуток приносять такі ідеї?

Може здатися, що стати концептологом складно. Для цього потрібно мати талант і з дитинства мислити креативно. Але це не так, наш мозок можна та потрібно тренувати. А знання концептології застосовуване в будь-якій сфері. Уміння розбирати реальність на концепти допомагає вирішувати фахівцям різних галузей їхні проблеми. Юристам – дивитися інакше на робочі справи й знаходити лазівки, здатні круто повернути хід справи. Фінансистам — не стопоритися на завданні та оптимізувати звіти так, щоб вони забирали менше часу. Керівникам і власникам бізнесу – знаходити нові шляхи розвитку або локації, з яких можна повернути справу в інше прибуткове русло. Людям творчих професій забути про те, що таке творча криза. Або опинитися в потрібний час у потрібному місці з корисною інформацією, що допоможе вам просунутися кар'єрними сходами. Коучам та інфобізнесменам допоможе буквально розібрати на атоми будь-яку проблему клієнта й запропонувати найоптимальніше рішення, удосконалити або докорінно змінити свої техніки тощо. Навіть у побуті концептологія буде корисною. Вона навчить ставити під сумнів неперевірені дані й докопуватися до істини навіть під час кухонних розмов. І робити це так тонко й аргументовано, що всі будуть слухати з роззявленими ротами.

Не тільки великі винахідники були концептологами

А тепер історія про те, як звичайна людина збагатилася завдяки своїй кмітливості та вмінню нестандартно дивитись на речі. Одна відома стоматологічна компанія почала банкрутувати. І ніхто з її топ-менеджерів не міг нічого вигадати. Кращі сили були кинуті на пошуки рішення, дійшло до того, що керівні особи просто озвучили проблему всім співробітникам. І ось один з них сказав: «Я знаю, як зробити так, щоб ваші продажі зросли на 20%, але поділюся ідеєю за півмільйона доларів. Для вас це буде справжньою дрібницею, враховуючи, який прибуток це вам принесе». Спочатку керівництво не погодилося, але підняло на вуха весь відділ кризового менеджменту. Адже звичайний співробітник зміг щось вигадати, отже, і вони зможуть. Але результатів не було. Довелося зголоситися на умови робітника. Коли йому заплатили, він сказав лише: «Зробіть отвір у тюбику ширшим на декілька міліметрів». Це було геніально, адже таким чином зубна паста закінчувалася швидше й купувати її почали частіше. Або ще одна улюблена історія маркетологів. У фірми спортивного взуття з потужностями в Африці виникла проблема. На фабриках були часті крадіжки. Рішення знайшли просте — робити на одній фабриці лише лівий кросівок, а на іншій – лише правий.

Концептолог знає, як розкласти будь-яку ситуацію на концепти, знайти причинно-наслідковий зв'язок і спрогнозувати, як у майбутньому поведеться той чи інший концепт. Розповісти, що і як потрібно зробити, щоб зрештою отримати найкращий з можливих результатів. Безперечно, сам концепт так чи інакше розвивається, і все, що нас оточує, уже несе інформацію від попередніх своїх форм. Концептолог правильно обробляє та аналізує інформацію, яку зчитує з предмета-концепта, і прогнозує, як він може поводитися далі. І в цій книзі ми цього навчатимемося.

§1.1 Керівництво концептолога

У всіх організованих груп або об'єднаних за тією чи іншою ознакою людей є свої зводи правил. Це робиться для того, щоб усім, хто належить до цієї групи, було комфортно взаємодіяти. А також інформація, якою вони володіють, могла б поширюватися правильно, без присвоєння собі заслуг чужої інтелектуальної праці. Концептологи – не виняток. Нижче наводжу топ основних правил, якими керується концептолог.

1. Термінологія і аналіз

Термін «концептологія» вже використовувався раніше в лінгвістиці, але винятково як функціонально-когнітивний аналіз мовних одиниць. І все, що вивчає цей лінгвістичний напрям, зводиться до вивчення мовних термінологій та походження слів. Ми ж розглядаємо концептологію як комплексну науку про створення глобальних концептів, їхній розвиток і взаємодію з ними. А оскільки ми вивчаємо безліч предметів і напрямів, пов'язаних з концептологією, то не бачу сенсу залишати цей термін винятково в лінгвістиці або змінювати назву нашої науки через його паралельне фактичне використання. Більше того, я вважаю, що лінгвістична область вивчення концептів є однією з десятків інших областей.

Поясню поняття «концепт» як чітке оформлення смислів у єдину цілісну форму. Коли різні смисли, ідеї та форми гармонійно функціонують у певних узаємозалежних закономірностях, це цілком можна вважати концептом. Крім моєї оцінки, в інформаційних джерелах також можна знайти цікаві думки щодо цього терміна. Згідно з ними, концепт – це сукупність ознак, необхідних і достатніх для ідентифікації фрагменту світу або частини такого фрагменту. Це ідея, що містить творчий зміст. Це стійка мовна чи авторська ідея, що має традиційне втілення. Це комплекс пов'язаних між собою поглядів на що-небудь, що утворюють взаємну систему. Це система поглядів на явища у світі, природі, суспільстві.

Усі ці твердження правильні. Кожне з них логічне, виходячи з того, яка область була проаналізована як концепт. І одне з завдань цього підручника – пояснити, у яких галузях концептології ці формулювання підходять найкраще. Кожна наука чи науковий напрям вимагає точності. Чим точніша наука, тим вона зрозуміліша. І ця точність починається навіть з елементарного формулювання того, що собою являє ця наука. Якщо ви розгорнете підручники з будь-якого наукового напряму, то фактично відразу зіткнетеся з тим, що вам дадуть пояснення, що це за наука, яка її історія і чим вона корисна для суспільства.

Біологія – це наука про живу природу, одна з природничих наук, предметом якої є живі істоти та їхня взаємодія з навколишнім середовищем.

Хімія – це одна з основних наук природознавства, що вивчає внутрішній склад, внутрішню будову матерії, закономірності якісних змін, розкладання та перетворення речовин, а також закономірності утворення нових речовин у результаті якісних змін.

Історія – це гуманітарна наука, що займається вивченням подій минулого.

Концептологія – це наука, що вивчає концепти, їхню історію, процеси створення концептів, їхнього поліпшення та вплив концептів на соціум.

Перше, чим керується в роботі концептолог, — визначення термінів. Саме це допомагає розкласти концепт на складові та зрозуміти, звідки починається його історія. Головне завдання концептолога – проаналізувати необхідне смислове явище, дати йому експертну оцінку, коротко підбити підсумки інформації про цей концепт. Найголовніше — запропонувати розвиток цього концепту, розробивши його можливі інновації. Водночас ще потрібно систематизувати отриману інформацію про цей концепт і запропонувати його розвиток, розробивши його можливі поліпшення (інновації).

Головним предметом вивчення концептології є людина. Радше, пошук вирішення проблем у суспільстві для її більш комфортного життя та профільного функціонування.

Вивчаються психологічні реакції людини й соціуму на вербальні та невербальні сигнали й реакція різних відділів мозку на отримувану інформацію про спосіб вирішення певної проблеми.

2. Формула концепту

Усе починається з формули, і вона проста, елегантна та прекрасна за своїм виконанням. Прекрасна тому, що універсальна для всіх концептів. Вона – в основі всього. Саме цією формулою відтепер і надалі користуватиметься будь-який концептолог у своїй роботі. Це другий пункт, який потрібно записати, запам'ятати та оформити у вигляді картинки на найпочеснішому місці.

Наведу приклад у вигляді історії, щоб закріпити цю формулу у вашій свідомості. Ось маємо ми будинок, у якому 300 квартир. Однак у цьому будинку не проведена система водопостачання. Таким чином, мешканцям такого будинку навіть нема де вимити руки. З переліку можливих проблем залишимо таку – неможливо вимити руки.

$$PROBLEM * SUB^n = PROBLEM^n$$

IT ALL STARTS WITH A PROBLEM. ITS MAIN FUNCTION IS THAT WHEN IT ENCOUNTERS ANY NUMBER OF SUBJECTS, IT MULTIPLIES.

$$PROBLEM * SUB^0 = PROBLEM^0$$

OF COURSE, THERE IS A POSSIBILITY THAT THE PROBLEM WILL NOT MULTIPLY WHEN MEETING SUBJECTS, IF THE SUBJECT IS PASSIVE REGARDING THAT PROBLEM.

$$(IDEA * J = CONCEPT) * ROBLEM^n = PROBLEM^0$$

BUT EVERY NEW PROBLEM GIVES A BIRTH TO "IDEA", AND HOW TO SOLVE IT. WHEN IDEA IS FORMED IN A CLEAR VISION AND PROVIDED BY ACTION "J" (FAMILIAR TO PHYSICS STUDENTS), WE GET "CONCEPT". WHEN CONCEPT IMPACTS THE PROBLEM, IT SOLVES IT AT THE ROOTS. THE PROBLEM STILL EXISTS, BUT IT DOESN'T HAVE ANY INFLUENCE.

Сама по собі проблема не має множини, вона завжди в однині. Однак зростає масштаб її впливу. Якщо 300 сімей не можуть помити руки, масштаб вимірюється 300 квартирами або, припустимо, 500 особами. Виникає ідея провести труби з водою в кожну квартиру. Для цього фахівці привозять труби, техніку й необхідні засоби. Вони своїми зусиллями, своїми діями прокладають труби в кожну квартиру, і тепер вода тече з кранів 300 квартир. Проблема вирішена й не має масштабного впливу. Але чи зникла проблема? **Відповідь: ні, не зникла.** Проблема не може зникнути. Вона не масштабується через присутність миттєвого рішення, яке забезпечило концепт та його реалізацію. А якщо раптом труби зламаються або вода не поставлятиметься в будинок, то проблема знову масштабується, оскільки концепт не передбачав поломки чи інші фактори. У такому випадку до нової проблеми ми генеруватимемо нові ідеї, втілюватимемо їх у життя та усуватимемо масштаб тієї самої проблеми.

Виходить, що концепт не здатний остаточно вирішити проблему, але може усунути її поточний стан, скоротити або повністю скасувати її масштаб і надати регулярну боротьбу з проблемою. Щодо винятків, коли концепт не впливає на суб'єкта, то в межах цієї історії – це дід, який живе в сусідньому сільському будиночку, з дитинства бере воду з колодязя і ніколи не користувався інноваційними рішеннями сантехніки.

3. Пошук знань

З голови не можна дістати те, чого в неї не поклали. Тому перш, ніж заглибитись у розбір концепту, потрібно прожити його історію. Зрозуміти й знайти всі форми, які він може містити. Деякі з них були ще за часів стародавніх людей. Деякі, через технічний прогрес, час і обставини, могли з'явитися значно пізніше. Спочатку це здається складним, тому що наш мозок не звик бачити в одному предметі всі його попередні форми. Проте щоразу це буде все простішим і простішим. В еру інтернету пошук інформації – одне задоволення. Щоб знайти все, що пов'язане з історією виникнення ручки та шляхи її розвитку до того виду, у якому ми вже її знаємо сьогодні, досить просто поблукати по просторах інтернету. Є безліч онлайн-журналів, онлайн-книг, форумів, статей, блогів, що розповідають історію різних винаходів. Іноді інформацію можна знайти в найнесподіваніших джерелах. Наприклад, у журналах про моду ви з легкістю можете виявити не тільки історію виникнення підборів, але й розповіді про те, як інженери прийшли до рішення створити стильний тонкий ноутбук. Не варто обмежуватися лише науковими статтями, дивіться широко й з усіх боків. Однак не забувайте фільтрувати й перевіряти те, що вам здається ненадійним. Найкраще впорядковувати інформацію хронологічно: від найпершої згадки про предмет до сучасності. Можна й географічно – залежно від того, як розвивався предмет або в якому вигляді виявлявся в різних куточках світу.

4. Аналітичні дані

Працюючи з концептом, важливо враховувати особливості тієї місцевості, де він перебуває. І тієї соціально-демографічної групи, яка його використовує. Відомо, що з різних історичних, географічних і природничих причин усе у світі розвивалося по-різному. Наприклад, у багатьох країнах перші гроші робили з того, що було доступне в регіоні. З камінчиків, мушель, шкір тварин тощо. Усе тому, що в певній місцевості нічого іншого не було. Хоча потреба та ідея, як її задовольнити, були однакові. Завжди враховуйте демографічні тенденції та сприйняття різних соціальних груп. Можна шукати інформацію самому, а можна залучати аналітика. Крім того, концепт ви зазвичай аналізуватимете для бізнесу або організації. Вони теж перебувають у певному регіоні й орієнтуються на свою цільову аудиторію. А це означає, що насамперед навіть історію розвитку концепту ви повинні черпати з локальних джерел, а далі передбачати, який саме розвиток для цього концепту вимагає локальна аналітика.

5. Графічне оформлення

Цей пункт не менш важливий. Поки що все, що ви напрацювали, не оформлене логічно, наочно й зрозуміло — це не можна дорого продати й назвати гідною роботою концептолога. Що вже казати про презентацію вашої роботи замовнику. Важливо, щоб ваша робота з концептом була не тільки аналітично грамотною, але доступною та зрозумілою. Ви – спеціаліст і знаєте багато. Одначе людина, якій ви презентуватимете свою працю, зовсім не розуміється на концептах, та й не повинна, інакше навіщо їй звертатися до концептолога?

Ваше завдання — перекласти все з мови концептолога на зрозумілу будь-якій людині. Вам потрібно доступно й легко пояснити людині, як вирішити її запит чи проблему. А графічне оформлення цьому допомагає більше, ніж може видатися на перший погляд. Намалювати й показати все це – ще одне завдання вашої команди. Саме тому в цій книзі вам трапляються і траплятимуться безліч ілюстрацій, які доповнюють контекст розповіді. Для того щоб дійсно круто презентувати свою роботу, концептологам необхідно співпрацювати з копірайтерами та дизайнерами. Таким чином, результат буде значно ширше орієнтований і наочніше продемонстрований. Як я вже говорив, ви також можете залучити фінансистів, аналітиків та істориків для надання найякіснішого результату.

6. Спілкування і комунікація

Народженню цього принципу та його виникненню в керівництві для концептологів я завдячую буддійській школі Фалунь Дафа, майстром якої є Лі Хунчжі. У самопізнанні й саморозвитку там вшановують Істину, Доброту та Терпіння. Насамкінець я хочу попросити кожного з вас не займати суворої позиції під час прочитання цієї книги.

Не приймайте мою позицію абсолютно у всіх питаннях, не намагайтеся сперечатися з моїм баченням за будь-якої ситуації і не кидайтеся гучними словами, не дочитавши думку до кінця. Я поважаю позицію кожного з вас і прошу тільки одного – вислухати ту думку, яку я намагаюся вам донести, і розглянути можливість її наявності у вашій парадигмі сприйняття цього світу. Також прошу проявити доброту стосовно до всіх, з ким ви обговорюватимете цю книгу, водночас до самого автора тексту, навіть якщо певні речі не прийнятні для вашої парадигми на сьогоднішній день. З нами щодня відбуваються зміни, і, насамкінець, ви не можете бути впевнені, що якісь переконання не зазнають змін з часом. Можливо, те, що я пропоную, вам сподобається в майбутньому. Прохання виявити терпіння до отримуваних знань, досліджень, наданих аналітичних даних та іншої інформації. Можливо, безліч термінів вам буде незрозумілою, і ви будете змушені шукати їхнє значення. Можливо, у діалозі з кимось про цю книгу почнете люто захищати певну сторону. У цей момент я прошу вас згадати про це прохання і виявити терпіння стосовно до всього навколишнього світу та цих знань. Ми істоти, здатні спостерігати та поповнювати свій досвід певними гранями розуміння однієї і тієї самої ситуації. І багато хто погодиться з тим, що лише в терпінні та спокої стає можливим глибоке, грамотне та мудре спостереження. Тільки так можна відкинути всі емоції, зайві відволікаючі фактори й прийняти чисте, незаангажоване та правильне рішення.

7. Авторське право

Кожен поважний концептолог завжди посилається на праці інших вчених. Тому ми теж маємо право вимагати такого самого ставлення. Для прикладу розповім невелику історію. Я давно планував видати книгу про концепцію, яка стала б першим підручником, що допомагає людям освоювати цю професію відразу на живих прикладах і практиці. Більше 10 років аналізу, вивчення інформації, якої було вкрай мало, власних теорій та їхньої перевірки дозволили мені систематизувати та структурувати знання про концепти та їхню природу. Усе це для того, щоб потім перекласти цю систему на доступну й зрозумілу людині мову. Обов'язково таким чином, щоб усі методики, механізми та техніки одразу можна було використовувати.

І ось одного разу я поділився своїми доробками з одним відомим бізнес-тренером. Він був у захваті та зрозумів, наскільки суттєво ці методики допоможуть змінити його діяльність та покращити ті результати, яких досягають його клієнти. Я розповів про філософію цієї системи й навіть не саму техніку, а лише її ідейність. Як результат, за місяць побачив у нього публікацію, у якій той стверджував, ніби сам прийшов до таких думок і виступав з цією темою перед аудиторією з 1500 людей. І навіть не це засмутило мене найбільше. Розчарувало те, що він не знає предмет достатньо глибоко й видає тільки поверхові знання, які хоч і корисні в його сфері, але можуть створювати докорінно неправильне уявлення про саму концепцію. Я тільки за, якщо знання з книги перекочують до матеріалів тисяч спікерів. Одначе по-людськи прошу та юридично попереджаю, що вся інформація в книзі захищена авторським правом та вимагає посилання на автора. До того ж, це набагато солідніше, коли спікер черпає знання з різних джерел і здатний фіксувати, де та які знання він здобуває.

§1.2 Чи можна стати генієм без таланту?

Чому так стається в житті, що одним людям щось дається легко від народження, а іншим потрібно докладати неабияких зусиль? Чому, наприклад, один художник створює роками красиву картину, а інший за секунду може перетворити на шедевр те, що до цього навіть мистецтвом не вважали? Чому одна людина може змусити весь світ захотіти те, що вона створює, а інша все життя складає свої праці під стіл. Талант і геніальність — наскільки це близькі поняття і чому генії аж ніяк не завжди талановиті? Давайте поговоримо про це.

Чи все визначається талантом?

Напевно, кожному з нас доводилося чути фразу «Ну що ж вдієш, якщо не дано воно тобі від природи»? І багато хто, погоджуючись, полишав навчатися малювати, писати вірші, складати музику тощо, мотивуючи це тим, що раз мати-природа не нагородила, значить і намагатися не варто. Будь-яка спроба людини розвинути в собі якісь здібності втрачає будь-який сенс відразу, як тільки вона, наражаючись на труднощі, пояснює їх відсутністю обдарованості. Стівен Кові у своїй книзі «7 навичок високоефективних людей» називає цей процес парадигмою детермінізму. Коли замість того, щоб докладати зусиль для досягнення бажаного результату, ми звинувачуємо якусь людину чи ситуацію в тому, що нам не вдається досягти бажаного.

Це може бути дитяча травма, образи на шкільних друзів, образа на педагога в коледжі чи університеті, одна фраза авторитетної для нас людини або глибока віра в такі речі, як доля чи фатум. Не дивно, що цю слабкість використовують ті, хто здатний навіяти думку про вроджені здібності або спадкові недоліки. Водночас прищепити віру в расову різницю, відмінність за ґендерною ознакою, кольором шкіри або віросповіданням, щоб заволодіти суспільною свідомістю і за її допомогою реалізувати свої політичні чи економічні інтереси. Наприклад, Аристотель стверджував, що одні індивіди від природи є рабами, інші — їхніми панами. Тобто людина не здатна сама вирішувати, ким їй бути, а повинна прийняти те, що їй нібито призначене. І такий хід думок давно вже набув світоглядного значення, переріс у низку натуралістичних концепцій, які, виходячи з біологічного початку в людині, намагаються витлумачити основу формування особистості.

Наприклад, євгеніка (вчення про спадкове здоров'я людини, а також шляхи поліпшення її спадкових властивостей) дала можливість виправдати голокост. Цигани, євреї, афроамериканці або гомосексуали були визнані сміттям, яке забруднює чисту расу, тому повинні бути знищені. Саме засновуючись на євгеніці, Гітлер проводив так звану стерилізацію, знищуючи людей нібито на благо чистої раси. Представники цієї концепції отримували хороше фінансування своїх досліджень, ціною яких стали відібрані життя. Небезпеку, яку несе євгеніка, можна побачити в документальному фільмі «Психіатрія — індустрія смерті». Щоправда, тут вона розглядається зовсім з іншого боку. Саме через пояснення масових, а не поодиноких випадків відбувається звичайнісінька маніпуляція свідомістю для задоволення чиїхось приватних інтересів. Адже людство все ще вважає, що якщо щось характерне для великої кількості людей, то такою самою мірою це стосується кожного окремо. Важливо те, що це можна легко поставити під сумнів. Саме розуміння того, що все людське в людині допомагає не піддаватися впливу натуралістичної концепції і протистояти її поборникам, дає кожному з нас можливість розвинути в собі будь-який талант. Різниця лише в кількості докладених зусиль. Тому якщо вже мета поставлена — її треба досягати. Якщо ж суспільство не дає можливості кожному розвиватися саме таким чином, то структура такого суспільства застаріла, воно не відповідає сучасному рівню людської самосвідомості, а отже, не має права на існування. Кожен сам вільний вибирати те, що потрібно саме йому на шляху становлення його суспільної та самодостатньої сутності, що в майбутньому допоможе всебічно розкрити свою особистість. А думка, що природою не дано, – це лише виправдання своїх боягузтва й капітуляції перед труднощами. Але я цього, безперечно, не допущу, і в книзі буде докладна інструкція, як зробити так, щоб справедливо й аргументовано у всьому сумніватися.

Геніями не народжуються... чи народжуються?

- Ейнштейна навіть батьки спочатку вважали розумово відсталим, він почав говорити лише в 4 роки, а читати в 7.

- Черчилль узагалі погано вчився і шепелявив, і в цьому випадку батьки теж не вірили, що він зможе чогось досягти.

- Волта Діснея вигнали з газети, бо йому «не вистачало уяви».

- Томаса Едісона вчителі відверто називали надто тупим, щоб чомусь дійсно навчитися.

Історія знає багато випадків, коли абсолютно непримітна, з посередніми успіхами в навчанні та розвитку людина робить щось видатне. Як же так виходить, що ті, хто погано вчився в школі, потім створюють щось велике й незабутнє? Виходить, що освіта не є ключем до успіху? Чи, радше, далеко не завжди є ключем до успіху? Форд, Джобс, Рентген, Ейнштейн – вони всі були двієчниками/трієчниками, іноді невдахами й зовсім не з творчої сфери. Але вони змогли перевернути світ. Спромоглися дати світові те, чого до них не існувало. Зробили для людства прорив у різних наукових та соціальних сферах. Придумали те, що раніше було з області фантастики та вигадки авторів-мрійників. Ми їх називаємо геніями через те, що вони спромоглися креативно підійти до певного питання. Але чи замислювалися ви про те, а раптом геніальними не народжуються, а стають? А якщо будь-яка людина може бути креативною? Я впевнений, що знайшов технологію, завдяки якій геніальні рішення зможе генерувати кожен читач цієї книги. Тут головне не обмежувати себе та зрозуміти суть тих механізмів, які допомагають розвивати креативне мислення таким чином, щоб воно саме пропонувало вибухові ідеї. Тут і починається історія про становлення нашого внутрішнього генія, таємничих знань про його розвиток і перші практичні вправи.

Що ж таке креативне мислення?

Якщо ви вважаєте, що креативне мислення стосується лише людей з творчої сфери — це неправда. Креатив (від англ. create) означає створювати, але не має жодного творчого підґрунтя. Креативність характеризується двома основними факторами:

• Можливість і готовність народжувати принципово нові, незвичайні, нестандартні, поза межами звичного ідеї; упевненість у тому, що це у вас однозначно вийде.

• Здатність вирішувати проблеми та нетипові ситуації, які виникають усередині системи або систем.

Якщо ці два пункти максимально спростити, то головний принцип креативності полягає в тому, щоби взяти звичне явище або річ і використовувати його так, як ніхто до цього не використовував. А ще краще, якщо це нововведення стане дійсно необхідним як функціонал, інакше це виявиться просто цікавим твором мистецтва. Коли ми формуємо щось креативне, працює 2 півкулі мозку: ліва аналізує те, що в нас вже є (факти, числа, форми, списки, дані), а права міркує, як би це все перетворити на щось нове. Звісно, це я грубо висловився, оскільки мозок складається з безлічі механізмів, які працюють над різними завданнями розумових процесів. Умовно креативне мислення так і можна розділити на дві складові – творче й критичне. Вони взаємопов'язані та взаємодоповнювані.

- Добре розвинена критична частина чи критичне мислення вічно піддає все сумнівам і запитує: «А що, якщо це так?», «А що, якщо це не так?», «А як це взагалі працює?»

- Добре ж розвинене творче мислення відповідає на питання «Як це подати незвично й захопливо?»

Навіть навички критичного чи творчого мислення окремо вже будуть корисні будь-якій людині, спеціалісту та співробітнику великої чи маленької компанії. Адже вміння подивитись на завдання по-новому збільшує шанси його позитивного вирішення. Уміння бачити перспективу розвитку нової ідеї підвищує шанси бізнесу створювати такий продукт, який вирішуватиме й задовольнятиме запити величезної кількості людей. Як, наприклад, свого часу Джобс, поєднавши кілька використовуваних за окремістю технологій, створив перший айфон таким, що його захотів увесь світ. Або Ілон Маск перетворив «Теслу» з просто електрокара на бажану сексі-машину мрії. Розвиток та використання творчого й креативного мислення — це майбутнє, яке настало ще вчора. Наприклад, існує навіть японська практика кайдзен, суть якої полягає в тому, щоб безперервно покращувати бізнес-процеси. Таке використовують у компанії Toyota. Кожен співробітник може запропонувати свій метод поліпшення роботи. І зовсім не важливо, яку посаду він займає.

§2 CREATIVITY SHOULD BE TRAINED LIKE MUSCLES

Концептологом може стати будь-яка людина, незалежно від того, у якій галузі вона працює зараз. Люди зі сфери аналітики та бізнесу, з науки чи творчого світу, ті, хто воліє працювати в офісі, або свободолюбні фрілансери теж спокійно можуть стати концептологами. Це можливо якщо ви людина не творча, якщо у вас аналітичний склад розуму, якщо вам здається, що креативність і вигадки – не про вас. Це в будь-якому випадку точно не означає, що ви не зможете створювати концепт-буки й бути успішним концептологом. Креатив — це не дар божий, а майстерний баланс між двома типами мислення: творчим і критичним.

Виходить, що ви просто матимете більше роботи над творчим типом мислення. Як і навпаки. І ці два типи мислення є абсолютно в кожної людини. Важливо просто правильно їх прокачати. Як м'язи. Щоправда, чомусь люди вважають, що тренувати потрібно ті м'язи, які видно. Такі, які створюють красивий рельєф тіла, потужний і здоровий каркас, спокусливі форми – красиву картинку. Безумовно, здорове, натреноване тіло – це чудово. Але мозок – це теж своєрідний набір м'язів, і вони вимагають не меншої уваги, хоча зовні їх і не видно.

Чи бувало у вас таке, що ви вирішили, ніби муза покинула вас? Почуття, ніби придумати щось цікаве та оригінальне зовсім не виходило? Або перед вами було складне аналітичне завдання, і ви не могли знайти шляхи вирішення. Ви починали зневірятися, і колишній ентузіазм пропадав, а десь у голові вимовляли: «Ну все, у мене творча криза». А якщо я скажу вам, що її не існує? Так! Усі ці кризи лише в нашій голові. Але якщо ти не занурюєшся в суть цього явища, а починаєш судити про явища поверхово – так просто не розберешся. Утім, це не про тих, хто вже тримає в руках цю книгу. І в цьому розділі я даю докладний гайд, як давати собі раду з тим станом, коли здається «все, творити більше не можу».

Щоб подолати його, потрібно просто виконувати наступні пропозиції. Щоб ніколи не дійти до нього, потрібно просто виконувати наступні вправи. Щоб прокачати свій мозок – потрібно просто виконувати наступні вправи.

§2.1 Сфера в руках

Перш ніж приступити до цієї вправи, дам невелике пояснення. Існує три кола уваги людини, які тією чи іншою мірою визначають рівень сконцентрованості над завданням, над навколишнім світом і над самим собою.

- Перше – мале коло. Це невелика ділянка навколо людини, обмежена рухами її рук та ніг. Наприклад, коли людина сидить у своїх думках і нічого довкола не помічає — отже, вона в малому колі.
- Друге – середнє коло. Це вже може бути і простір розміром з невелику кімнату. Можливо, частина великої кімнати. Воно задіяне, коли ви зосереджені на чомусь або контактуєте з іншими суб'єктами.
- Третє – велике коло. Це вже ціла площа. Як сцена, аудиторія, футбольне поле. Суть у тому, що межі великого кола

визначаються тим, що ми можемо побачити. Наприклад, якби ми стояли посеред поля, тоді розмір третього кола визначався б лінією горизонту. І кожен би бачив його по-своєму, залежно від гостроти зору та можливості розглянути найдальші деталі.

Для легкого переходу й усвідомлення себе в цих колах уваги стане в пригоді така вправа:

1. Сідайте зручніше та простягайте перед собою долоню.
2. Сфокусуйте погляд на долоні так, щоб її межі почали розмиватися.
3. Уявіть, що у вас на долоні утворюється маленька сфера.
4. Її контури слабкі, але вже помітні. Ви починаєте все чіткіше й чіткіше бачити сферу на своїй долоні.
5. Якого вона кольору? Дайте відповідь на питання і продовжуйте розглядати цю сферу, цього кольору.
6. Додайте текстуру по всій площі сфери, вона може бути будь-якою: футбольний м'яч, гладь води, цегляна стіна, шорсткий наждак. А що у вас?
7. Тримаємо далі сферу на руці, і ось вона росте та росте.
8. Зростає і вже не вміщується в руку. Доводиться її тримати вже двома руками.
9. Сфера росте, і ось у ній з'являється якийсь механізм, щось дуже швидке та енергійне.
10. Сфера намагається вирватися та вислизнути. Вона ніби прагне вистрибнути з ваших рук, і ви докладаєте всіх зусиль своєї уяви для того, щоб залишити її в полі свого впливу.
11. І ось вона вже крутиться з великою швидкістю, з якою ви тільки можете собі уявити. Вона готова вирватися, але ви спритно її утримуєте в середині зони вашого впливу. Рахуємо від 10 до 1. І після того, як сказали один – «бах»!
12. Сфера вибухнула, і вся кімната повністю покрилася кольором та текстурою сфери.
13. А потім все це повільно починає сповзати

зі стін і зрештою зникає.

14. Кімната набула колишнього вигляду.

Навіщо треба ця вправа?

Щоб «запустити шестерні в мозку». Щоб задіяти й раціо, і крео. Щоб працювала частина мозку, котра відповідає за творче мислення, і та, що відповідає за критичне. Щоб підбадьорити й розбурхати нейронні зв'язки та приготуватися до роботи.

Цю вправу рекомендується робити щодня. Краще перед роботою. Але не робіть її на ніч – такі активні сни можуть не дати вам відпочити.

§2.2 П'ять предметів

Але спершу трохи історії. Історії про гру маджонг – прообраз цієї вправи. Маджонг – чудовий тренажер для пам'яті. Суть цієї гри в тому, щоб звільнити камінчики з зображеннями, які знаходяться під іншими. Але зробити це можливо, тільки запам'ятавши однакові зображення та зробивши правильні ходи.

Є різні варіації маджонгу, але всі вони мають спільне:

- Ті ігрові фішки, які знаходяться під іншими, залишаються нерухомими.
- Прибирати можна лише по 2 однакові фішки.
- Якщо ви робите неправильні ходи, то не зможете видалити всі фішки й виграти.

Ця гра відмінно підходить і для дорослих, і для дітей. Є безліч різних варіацій маджонгу, створених для комп'ютерів або мобільних. Якщо ви хочете потренувати пам'ять і увагу - скачайте маджонг на телефон і коротайте час у пробках або по дорозі на роботу з користю. До речі, версії для комп'ютера або смартфона зазвичай більш динамічні та яскраві. Крім того, вони не займають стільки місця, як коробка з картками чи фішками.

А тепер вправа:

- Виберіть 5 рандомних предметів поблизу вас. Наприклад, ручку, навушники, лінійку, старий мобільний телефон, медичну маску.
- Розташуйте їх перед собою будь-яким чином і сфотографуйте (так потім буде легше).
- Запам'ятайте кожну деталь. Навіть найменшу. Як лежить ручка, де вона знаходиться щодо інших предметів, чи видно напис? Мобільник увімкнений чи вимкнений? Навушники лежать подушками вгору чи вниз? кожну деталь. На це маєте хвилину.
- А тепер перемішайте всі предмети.
- Намагайтеся відновити по пам'яті все до подробиць. Усе розташування речей і все так, як було до того, як ви перемішали предмети.
- Порівняйте результати зі світлиною.

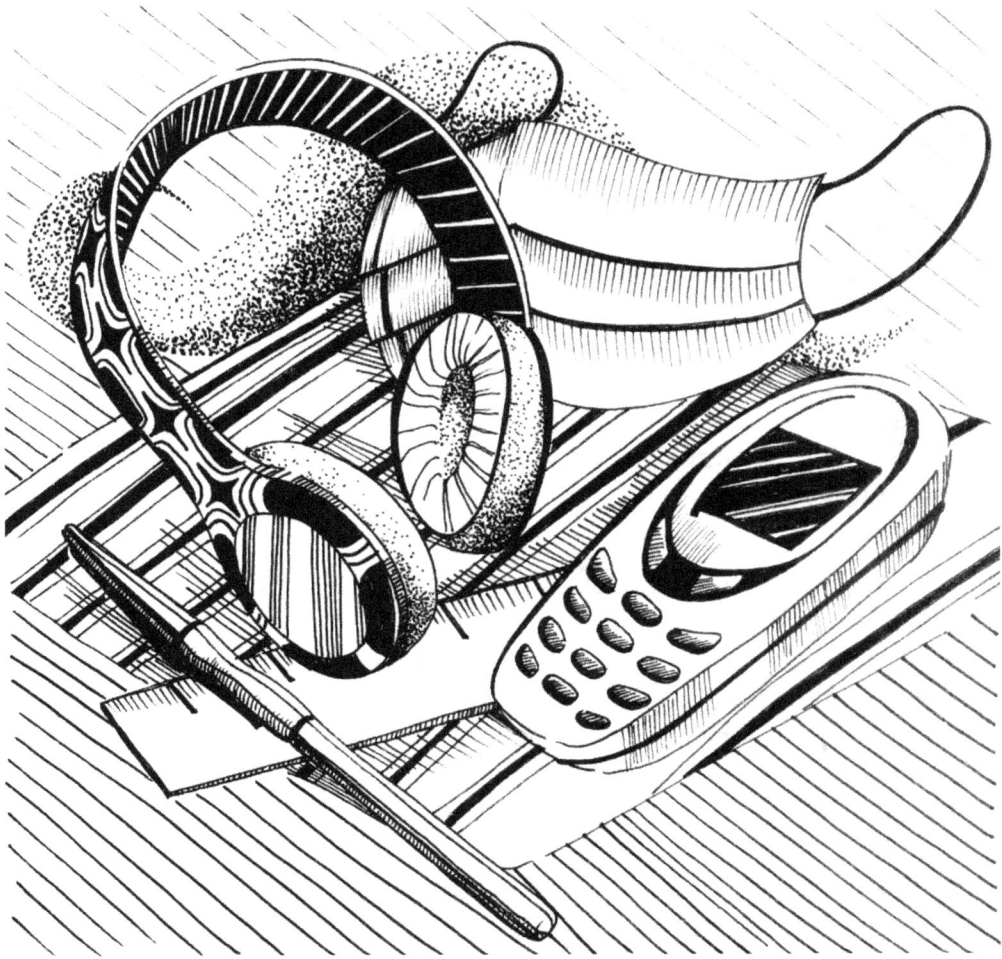

Нащо треба ця вправа?

Для тренування пам'яті й розвитку нових нейронних зв'язків, які вам допоможуть відмінно і швидко запам'ятати розміщення речей. Аналізуйте, які методи ви використовуєте для того, щоб запам'ятати порядок речей.

Як ваша пам'ять видає вам образи один за одним. Ви створюєте асоціації або подумки уявляєте картинку? Щоразу вправа виходитиме все краще й краще. Коли стане зовсім легко – збільшуйте кількість предметів.

Рекомендую також вправлятися парами. Так завдання ускладнюється. «Ведучому» потрібно буде розкласти предмети «з каверзою» — подумати, як зробити так, щоб «гравець» зміг запам'ятати якомога менше деталей. А гравцю, навпаки, потрібно запам'ятати якомога більше деталей. Спробуйте зробити це у парах. Ви обов'язково здивуєтеся, на які чудеса здатний наш мозок.

Важливо: цю вправу варто постійно ускладнювати. Як тільки ви відчули, що легко справляєтеся з 5 предметами, додавайте ще один. І так поступово збільшуйте кількість до двадцяти або більше. Це буде досить складно, але ваша пам'ять працюватиме все краще й краще.

§2.3 Асоціації, синоніми, антоніми

- А це вже групова вправа. Ідеально, коли в групі до 6 осіб.
- Кожному присвоюється номер чи вибирається певна черга — це порядок, за яким кожен відповідатиме. Але це тільки для зручності, щоб уникнути плутанини, коли учасники досить активні.
- Перший етап. Перший учасник говорить будь-яке слово, другий — асоціацію щодо нього, третій — асоціацію до слова другого учасника, четвертий — асоціацію до слова третього учасника тощо. Наприклад, ластівка – політ – літак – крила – KFC – полковник. Але будьте уважні. Не треба зважати на весь асоціативний ряд. Ви повинні сконцентруватися тільки на слові останньої перед вами людини.
- Другий етап. Перший учасник говорить будь-яке слово, другий – синонім до цього слова, третій – синонім до слова другого учасника, третій – синонім до слова третього учасника тощо. Наприклад, тачка – засіб пересування – транспорт – машина – механізм – годинник.
- Третій етап. Перший учасник говорить слово, другий говорить антонім, третій – антонім до слова другого учасника, четвертий – антонім до слова третього учасника й так далі. Наприклад, добро – зло – щастя – горе – успіх – поразка.

Примітка: дуже важливо говорити антонім саме на останнє слово, яке сказав попередній учасник, а не на перше слово першого учасника або на весь список слів до цього. Цю вправу можна робити й самостійно, використовуючи блокнот, зошит, листок або монітор комп'ютера/телефона. Головне — зберігати результати, щоби потім можна було їх аналізувати.

Нащо треба ця вправа?

Як ви вже здогадалися, задля прокачування нестандартного мислення і генерації нестандартних рішень. Ця вправа допоможе вам створювати нові ідеї і вийти зі стану «білого аркуша», коли перед виконанням творчого завдання складається враження, що в голові зовсім нічого немає, усі ваші ідеї видаються вам нудними й заїждженими.

Не бійтеся того, що у вас з'являтимуться якісь безглузді ідеї. Найчастіше вони наштовхують потім на фантастичні думки. Як це застосовувати на практиці? Наприклад, ви хочете написати крутий пост у інстаграм, новину для клієнтського сайту або статтю для свого блогу. Коротку й в одну пропозицію. Але нічого не лізе в голову. Беремо слова «голова» та «ноги». Тепер оброблюємо їх у такий спосіб: голова — думки — чисте волосся — свіжість; ноги - стара людина - втома - забудькуватість. Що можемо скомбінувати? «У втомлену голову не приходять свіжі думки».

§2.4 Зв'язок усього з усім
Принцип такий самий, як і в попередній вправі:

• Беремо два абсолютно не пов'язані між собою слова. Бажано максимально далеких одне від одного.
• Учасник повинен вигадати синонім до кожного слова. Далі з одержаних двох слів інші учасники по черзі повинні придумати одне словосполучення/слово.

Наприклад, беремо слова «олень» і «секс»

Олень — роги,
Секс — груди.
Словосполучення: рогаті груди.

Літак — політ,
Серфінг — дошка.
Словосполучення: летюча дошка.

США — Білий дім,
 Пиріг — їжа.
 Словосполучення: їстівний білий дім.

Нащо треба ця вправа?

Воно як продовження попереднього. Також допомагає вийти з творчого ступору та знайти ідеї там, де їх, здавалося, бути не може. Ця вправа допомагає побачити зв'язок всього з усім і вміти поєднувати те, що здається непоєднувальним. І як показує досвід, саме таким чином виникають круті та нестандартні ідеї. Так працює наш мозок. Ми часто не фіксуємо бази даних, що міцно засіли у двох різних нейронах, поки не почуємо або не подумаємо про їхню комбінацію. Вони незв'язні в нашому мозку й не мають сенсу до певного моменту.

Ця вправа не просто формує нові нейронні зв'язки між близькими одне до одного поняттями, а поєднує разом ті нейрони, які, можливо, ніколи б не знайшлися, якщо б ми не доклали зусиль. Багато винаходів, якими ми з успіхом користуємося зараз, з'явилися якраз через те, що хтось придумав поєднати, на перший погляд, непоєднуване.

§2.5 Спостереження

*   Виберіть будь-яку живу істоту, яка стане предметом вашого спостереження: людину, яку ви зустріли по дорозі на роботу, тварину, яку побачили на прогулянці, дитину, що катається на гойдалці.
*   Спостерігайте за нею протягом деякого часу.

- Опишіть те, що ви спостерігали. Яке воно? Що воно робить? Чому це робить? Про що воно думає тим часом?
- А тепер опишіть ваш предмет спостереження в невеликому етюді. Ви маєте хвилину. Писати ви можете, звичайно, довше.

Наприклад, ви описуєте чоловіка, якого побачили в літаку, коли летіли в справах. Ви помітили, що він оглядається і безперечно чимось незадоволений. Ви добре розглянули його одяг і ручну поклажу. Спочатку ви описуєте його: це чоловік, він сидить у літаку й дивиться на людей. Йому точно понад тридцять, і він трохи лисуватий. Одягнений у червону футболку та прості джинси. На ногах сандалії зі шкарпетками - явно не наймодніший тип. Зате він, певне, любить комфорт, щоб ремені не натирали ноги. Чоловік нервує та привертає увагу стюардес. Він дивиться на пасажирів зверхньо. Видно, що думає: «Я не мушу тут перебувати. Моє місце – у бізнес-класі». Минув деякий час, і чоловік заснув. Це було в момент зльоту.

А тепер короткий етюд: «Невисокий лисий чоловік сидів у літаку й нервував. Він постійно дивився по сторонах і ніяк не міг усістися у своєму кріслі. Підійшла стюардеса, і вони почали щось бурхливо обговорювати. Він махав руками, а вона, зберігаючи спокій, пропонувала йому щось. У результаті чоловік махнув рукою та заспокоївся. Стюардеса пішла. Він продовжував дивитися на всіх зверхньо та злитися. Він раз у раз відкривав свою сумку й щось перевіряв у ній. Дивно, щойно літак злетів, чоловік угамувався і заснув». Важливо, щоб ваш етюд був не складним, але логічним. Задля подальшої легкості показу цієї розповіді.

Нащо треба ця вправа?

Ця вправа допомагає помічати незначні деталі. Будувати причинно-наслідкові зв'язки. Робити висновки. Застосовувати методи дедукції та індукції. Так, Шерлок Холмс, імовірно, теж вправлявся таким чином, адже в основі його розслідувань лежить метод дедукції. Використовуючи цю вправу, ви зможете помічати те, що приховано від погляду неуважних людей. Зможете ставити себе на місце інших людей і розвивати в голові різні історії від їхнього імені.

§2.6 Нейронний бум

- Вправу проводить ведучий.
- Найбільш оптимальна кількість учасників — 6.
- Кожному дістається конкретне питання, на яке людина має відповісти за настання її черги.
- Порядок відповідей учасників обумовлюється перед початком.
- Відповідати на питання потрібно так, щоб насамкінець вийшла зв'язна історія.
- До самого кінця учасники не знають відповіді одне одного.
- Взнають їх лише в процесі озвучування завершеної історії.

Перший учасник пише одним реченням відповідь на запитання: «Хто це?» Другий – на запитання: «Який він/вона?» Третій — на запитання: «Де він?» Четвертий – на питання: «Що робив тоді?» П'ятий – на запитання: «Для чого він це робить?» І шостий – «Що за підсумком вийшло?»

Коли всі учасники впоралися зі своїми реченнями, ведучий читає питання по порядку – учасники озвучують те, що написали.

Наприклад:
1. Хто — дивний чоловік
2. Який — розмальований яскравими фарбами
3. Де — на останньому поверсі висотки
4. Що робить — сумує за шкільним коханням
5. Для чого — щоб врятувати світ від тероризму
6. Що за підсумком — знімають фільм на реальних подіях

1. Хо — жінка зрілого віку
2. Який — з червоним обличчям
3. Де — в Парижі
4. Що робить — згадує Ескобара
5. Для чого — щоб утекти від себе
6. Що за підсумком — вона йде в захід сонця під звуки музики

1. Хто — дорослий гном
2. Який — лисий і високий
3. Де — у торговому центрі
4. Що робить — утікає від вітру
5. Для чого — щоб видатися кращим, аніж він є
6. Що за підсумком — добро перемагає

Нащо треба ця вправа?

Так само — для розвитку креативності. Але тут справа в тому, що наше завдання не просто відповісти на питання, а вписати свою відповідь у вже наявну історію. Адаптувати її та підлаштувати під логіку розповіді. Важливо, щоб усе звучало разом і органічно, але сама відповідь не змінювалася. Наприклад, якщо це лисий клоун, який сидить у туалеті, а у вас написано «Вона відкриває пляшку шампанського на честь дня народження», варто врахувати дві важливі речі:

- Це не ВОНА, а ВІН
- І писати занадто детально не варто, оскільки «на честь дня народження» може зіпсувати відповідь наступного учасника.

Вправа не просто прокачує креативність, вона вчить вписувати свої ідеї в наявний контекст і передбачати, як можуть вони трактуватися в майбутньому.

§2.7 Випадкові форми

- Беремо аркуш чи будь-яку поверхню для малювання.
- Малюємо на ній будь-яку абстракцію. Можете просто хаотично водити ручкою по паперу.
- Фіксуємо результат і починаємо фантазувати, частиною якого персонажа, ситуації, якого елемента або локації цей хаос міг би виявитися. Потім із цієї абстрактності потрібно створити зрозумілий малюнок. Будь-який. Головне, щоби можна було зрозуміти його суть.

Доповніть ляпки в ряду так, щоб вийшли зрозумілі образи:

Нащо треба ця вправа?

Ця вправа наочно нам показує, як створити з нісенітниці щось зі змістом. Вона допомагає розвивати уяву та витягувати з неї ті образи, до яких ми звикли, ті образи, які здаються нам знайомими та зрозумілими. Зовсім не обов'язково бути художником для того, щоб перетворити абстрактну ляпку на зрозумілий малюнок.

Тут потрібно просто задіяти частину мозку, що відповідає за творче мислення, і дати волю уяві. Пам'ятайте, у дитинстві ми часто дивилися на хмари й намагалися побачити в них контури знайомих постатей: тварин, казкових персонажів, рослин тощо. Тут принцип схожий.

§2.8 Напиши розповідь

1. Називаємо або виписуємо три слова,
   що прийшли в голову.
2. .Вони не повинні бути пов'язані одне з одним.
3. З цих слів пишемо розповідь.
4. Слова можна міняти місцями.
5. Розповідь має бути короткою, приблизно по
   одному реченню на слово, але зі змістом.
6. Усі речення мають бути пов'язаними логічно.

Наприклад, слова:
миска, слон, квітка

Розповідь:
«У міському зоопарку одна дівчина постійно мила слона, використовуючи миску. Їй було зручно, адже вода не розбризкувалася і не мочила все навколо, крім слона. А слону подобалося настільки, що якось після купання він навіть подарував дівчині квітку».

Нащо треба ця вправа?

Ця вправа допомагає розбурхати нашу фантазію і пустити уяву в правильне русло. Вибудовуючи логічні зв'язки між, здавалося б, незв'язаними словами, ми розуміємо, що насправді ідеї навколо нас і наш мозок кипить різними пропозиціями. Важливо лише зібрати їх та направити туди, куди нам потрібно. Ще ця вправа допомагає впоратися з синдромом відсутності ідей.

Навіть коли виходять безглузді результати або смішні розповіді, це все одно сприяє посиленню вашої креативності. Не варто обмежуватися лише трьома словами. Підсилюйте складність поступово, почніть з трьох, потім п'яти, потім десяти й більше. Це буде складніше, але цікавіше та продуктивніше. Ця вправа підсумовує ваш успіх у розвитку креативного мислення.

Якщо ви вибрали собі декілька вправ на день (серед них обов'язково має бути Сфера), то «вправа з розповідями» стане хорошим підсумком вправ за підхід або за якийсь період днів. Вона покаже, наскільки тренування вашого мислення було успішним.

§2.9 Зміна парадигм

1. Насамперед потрібно вибрати ситуацію,
   де є кілька сторін-учасників.
2. Далі ми звинувачуємо першу сторону та
   виправдовуємо другу. Наводимо кілька аргументів.
3. Звинувачуємо другу сторону та виправдовуємо першу.
   Також наводимо аргументи вже в цьому ракурсі.
4. Звинувачуємо обидві сторони. І наводимо
   аргументи, чому й ті, і ті винні.
5. Виправдовуємо обидві сторони та говоримо,
   чому ніхто не винний.

Приклад:

«Мама зварила грибний суп. Сім'я пообідала,
усі отруїлися і потрапили в реанімацію».

Чому винна мама?

1. Не перевірила гриби. Не проконсультувалася
   з грибниками.
2. Варила суп, не дотримуючись стандартів готування,
   і в їжу потрапив миш'як або інша побутова отрута.
3. Відволіклася і зібрала не ті гриби в лісі.
4. Не розбираючись у грибах, готувала суп
   незрозуміло з чого.

Чому винна сім'я?

1. Вони самі попросили маму сходити по гриби й
   варити їм суп, хоча знали, що вона в цьому не експерт.
2. Вони були ліниві, не хотіли готувати самі.
3. Самі вибрали їсти суп, хоча вдома була й інша їжа.
4. Підсунули мамі поганку, щоб підставити її,
   але забули про це.

Чому всі винні?

Мамі не перевірила гриби, з яких готувала, а сім'я сама попросила її зварити грибний суп, знаючи, що мама не експерт.

Чому всі не винні?

Мама приготувала їжу, бо турбувалася, чим годувати сім'ю. Сім'я поїла, бо завжди довіряла мамі, і вони навіть подумати не могли, що така ситуація може статися.

Нащо треба ця вправа?

Воно корисне не лише для тих, хто бачить себе в роботі з концептами. Ця вправа корисна й у побуті. Основне правило критичного мислення - сумніватися у всьому й ставити собі завжди два питання: «А що, якщо це так?» і «А що, якщо це не так?» Це допоможе вам самим докопуватися до істини, ставлячи все під сумнів. Ви не дасте ввести себе в оману й маніпулювати вашою свідомістю.

Наприклад, коли ви дивитеся новини, то завжди бачите той матеріал, над яким уже попрацювала купа народу: редактори, сценаристи, піарники та інші. Тому ви побачите лише те, що вам хотітимуть показати. Але якщо ви завжди сумніватиметеся, то з часом почнете помічати всі нестикування в подачі матеріалу й напевно знатимете, що могло бути насправді.

§2.10 На стикові образів

1. Беремо якусь вербальну змістову одиницю.
2. Це може бути одне слово, фраза чи речення.
3. Намагаємося візуалізувати її у незвичайній формі.
4. Щоб довго не роздумувати над фразою, можна взяти відоме прислів'я або придумати цікаве висловлювання.

Наприклад:

Ми маємо картинну галерею. І треба показати її особливість через прислів'я «Чия б корова голос подавала?»

Як це можна втілити?

Перед нами білборд, на якому намальовано стіну з картинної галереї. На стіні висить дві картини й на кожній намальована корова. Малюнки від різних художників та в різних стилях. Унизу під картинами підпис «Чия б корова подала голос для вас?»

Нащо треба ця вправа?

Ця вправа для того, щоб мозок навчився наповнювати все змістом. Подібні практики використовують рекламні агенції в брейнштормах, коли потрібно придумати логотип, філософію або позиціонування бренду так, щоб вмістити його в коротку зрозумілу фразу. До того ж зробити це оригінальним, незабутнім і зрозумілим для користувачів. Наповнення змістом традиційних форм — і є завдання креативного мислення.

Підсумок усіх вправ. Використовуючи ці вправи та практикуючись кожен день, ви точно ніколи не будете в стані, який часто називають «творчою кризою». Ви завжди зможете знаходити свіжі ідеї та рішення навіть тих проблем, які для вас поки що здаються нерозв'язними.

Одна з найглибших таємниць, здатних відкритися людині, – це те, що ми за своєю природою не хижаки й не травоїдні. Насамперед, ми — спостерігачі! Саме те, що зробило нас розумними й рухає нашу еволюцію, — здатність спостерігати, робити висновки й впливати на навколишній світ. І, безумовно, найважливіша риса спостерігача, який змінює світ, – це сміливість. Так що я, вірний слуга людства, найпростіша людина, яка винайшла новий науковий напрям «концептологія». І я хочу передати цю сміливість та впевненість у своїх силах кожному з вас. Кожен з вас здатний стати концептологом і дарувати цьому світу геніальні концепти.

§3 INVENTIONS AND IMPROVEMENTS

Під час повторної подачі напруги на катодну трубку світіння в кристалах, не пов'язаних з приладом, відновилося. У результаті подальших досліджень вчений дійшов висновку, що з трубки виходить невідоме випромінювання, назване згодом ікс-променями. Так було створено перший у світі рентген!

Адже передумови були й раніше ...

Суть цієї ідеї в тому, що сама катодна трубка була винайдена раніше іншим вченим, а платиноцианістий барій був відкритий ще раніше. На основі робіт Рентгена зробили інші великі відкриття вчені Антуан Анрі Беккерель або П'єр і Марія Кюрі. Але є питання: чи винаходили вони щось нове, чи це все довга низка вдосконалень інших винахідників.

Адже виходить, що можна взагалі зазирнути глибше й почати цю низку з винаходів перших підручних інструментів, далі через призму часу пройти крізь відкриття перших металів, винахід скла, відкриття Менделєєвим його таблиці елементів і так далі. Виходить, що саме поняття «винахід» – це не створювати щось нове, а покращувати щось старе або помічати щось незвідане серед світу пізнаних речей.

Чому ми сприймаємо нові винаходи чи поліпшення лише в конкретний час?

Ще з дитинства ми відчуваємо, що нам цікаве або не цікаве. До цього належить і колір, і форма, і обсяг, і подача. Сучасна дитина має зовсім іншу цінність часу – вона зазвичай моментально реагує на те, що їй потрібне, а що не потрібне. По суті, усі наші сумніви приходять до нас з віком, коли ми вже маємо життєвий досвід, а як наслідок – виникає страх зробити помилку.

А коли приходить час вибирати, чи придбати якусь продукцію, чи оселитися в нову квартиру, чи сплатити підписку будь-якого ресурсу, ми починаємо довго аналізувати й сумніватися в будь-якому своєму рішенні. Але всередині кожного з нас завжди живе таке маленьке дитя, яке внутрішньо дуже чітко знає, коли йому хочуть «впарити» не потрібну йому річ, а коли перед ним щось нове, дуже потрібне, дуже важливе й цінне. І якщо ця дитина потрапляє під вплив трендів і популярність брендів, ведеться на красу обгортки, унікальність сайту, зручність програми або хороші відгуки, то потім усе одно може залишитися незадоволеною, або ще й скривдженою.

Причиною цього може стати недолік безпосередньої користі та необхідності цього предмета чи послуги. Дорослий купив, а дитина незадоволена. Адже короткочасна радість від уваги, комфорту, почуття власної гідності та багато іншого пройшла майже відразу ж після придбання товару. А внутрішня дитина почувається ошуканою. За такої взаємодії зв'язок власника концепту та його клієнта втрачається безповоротно.

Красива обгортка не настільки важлива

Ваш концепт не настільки потребує красивого оформлення, красивої подачі або досвідченого просування, як, першою чергою, ваш бренд, продукція чи компанія потребують сенсу! Ви повинні бути не просто популярними або важливими, але й потрібними, життєво необхідними для людини.

Давайте запитаємо себе: «Що нам важливіше — заробляти багато грошей, виглядати красивіше від інших, бути моднішими від інших чи все-таки бути щасливими?» І ми обов'язково приходимо до відповіді, що наша внутрішня дитина, першою чергою, хоче бути щасливою. Наш психо-логічний і фізичний стан безпосередньо від цього залежить! Ці всі умовності таки відштовхуються від того, що нас робить щасливими. Усі пріоритетні для нас речі спочатку відштовхуються від цієї причини й здаються нам єдиним правильним рішенням на шляху до нашого щастя! Таким чином, впроваджуючи інновації в будь-який концепт, ми просто зобов'язані врахувати не якийсь маркетинговий хід або економічний обман, а подбати про стан щастя кожного кінцевого користувача. Дбати про них так, як ми піклуємося про своїх дітей. Ми повинні передбачати та використовувати їхні потреби з метою їхнього забезпечення та заохочення будь-якої мрії. І не бійтеся – збагачення прийде саме собою. Але вже зовсім в іншому контексті.

А раптом сценарій можна написати ...

Тільки уявіть собі, якби така режисура різних концептів існувала в політиці! Кожен новий президентський термін і нові вибори детально описували б шлях досягнення їхніх цілей. Кожна партія і кандидат дбали б не про те, як психологічно вплинути на масу, а як дійсно запропонувати сценарій реалізації цих обіцянок. І таким чином кожні нові вибори чітко аналізували б усі аспекти проблематики суспільства та пропонували б реальні терміни та рішення таких проблем. Така погоня перетворилася б на справжні гонки інтелектів з метою бути найпродуктивнішими й найбільш реалістичними у своїх планах.

Ви пам'ятаєте, який фурор робив кожен новий айпод, айпад, айфон, макінтош, які випускає Стів? Ми чекали на вихід нового девайсу, будучи чітко впевненими, що нам подарують нове диво

— винахід майбутнього! А що сталося потім? Виходить сьомий айфон. Восьмий айфон нічим практично не відрізняється від сьомого — кілька функцій у камері, процесор невідчутно швидший.

Десятий айфон виходить уже з низкою нових інноваційних доповнень, але нітрохи не більшою, ніж люди вже очікували. А ви тільки уявіть собі, якби сьомий айфон вийшов у вигляді десятого! І ось вони кажуть: кнопки тепер немає, і навіть не потрібен ваш відбиток, камери тепер дві й навіть три, портретний режим та багато інших функцій, Apple Pay, розпізнавання обличчя, зручний екран – тобто вони запропонували б диво, яке люди навіть не могли на той момент уявити. У результаті ми точно захотіли б придбати цей продукт, але одночасно залишилися б задоволеними. І розбиратися з такими речами ми будемо далі.

§3.1 Форми реалізації концептів

Ідея — це ще не концепт, і це важливо насамперед для тих, хто збирається серйозно розвиватися в нашій професії, передавати ці знання іншим, створювати концепт-буки й заробляти на цьому. Ніхто не буде вам платити за те, що ви розповісте якусь цікаву інтригуючу думку. Ніхто не стане всерйоз цікавитись тим, хто просто озвучує вирішення проблеми чи питання, не підкріплюючи його наочно. Люди хочуть бачити щось відчутне. Тому зовсім не важливо, яку форму набув ваш концепт — він має бути оформлений. У цій книзі ми навчимося з вами не просто аналізувати та розбирати концепти, але й зможемо оформлювати їх так, щоб у результаті ваш клієнт отримав і аналіз того, що є зараз, і керівництво до дії на майбутнє.

Починаючи роботу з концептом, ми відразу ж задаємося думкою: «А як зрозуміти, що це концепт?» Крім того, що ми звертаємося до формули, яку кожен із вас напевно запам'ятав, ми ще й розуміємо, що деякі концепти просто неможливо помацати фізично.

Допустимо, нам бабуся розповідала казку, яку їй розповідала її бабуся, і таке інше. Але цієї казки ніде не написано. Причому сама казка – це готовий концепт, який вирішує відразу кілька завдань. Це проблема дитячого сну, цікавого проведення часу, спроба пояснити якісь життєві спостереження, спробувати підняти настрій чи налякати. А якщо щось вирішує, якусь проблему, то це може називатися концептом. Але знову повертаємося до того, що концепт казки неможливо помацати. І що тоді із цим робити? Як розвивати чи покращувати такий концепт? Я навіть боюся уявити, як багато думок у вас виникне, якщо я попрошу вас розібрати по крихтах такі концепти, як молитва, пісня, теорія чи дискусія. Але поки що не турбуйтеся – попереду на вас чекає багато практичної і теоретичної програми, яка допоможе вам плавно й комфортно зрозуміти ці концептологічні процеси. Спочатку варто сказати, що існують дві форми концептів.

Фактичне виявлення

Вони мають певну форму. До них можна доторкнутися, їх легко описати й з їхніми функціями, як правило, усе гранично просто. Перш ніж оформити ідею у фактичний концепт - її докладно описують аж до того, як вона вирішує конкретну проблему або запит. Потім вигадують шляхи її реалізації — і втілюють найоптимальніший і найефективніший варіант.

Так з'являються всі винаходи: від колеса до шатла. І, по суті, усі побутові предмети, що оточують вас, є вже готовими фактичними концептами. І якщо вже копати глибше, то можна розглядати той самий предмет зовсім з різних сторін, розкручувати в ньому різні концепти: економічний, промисловий, маркетинговий та інші.

Адже абсолютно будь-який з них задовольняє вашу потребу. Водночас не обов'язково вона є базовою. Це може бути творча потреба, наприклад, блокнот, графічний планшет або програма фотошоп. А також естетична потреба – красива, але зовсім непрактична скатертина на кухні або незручні дизайнерські туфлі, у яких почуваєшся королем світу, але ходити в них можна всього 10 хвилин. І коли ми надалі розглядатимемо, які властивості концепту, які вони задовольняють цілі, що призвело до тих чи інших поліпшень, тоді ми зможемо напевно передбачити шляхи його розвитку й точно сказати, який з них буде найвдалішим і призведе до успіху.

Працюючи над концепт-буком, ми можемо об'єднувати різні фактичні та усні концепти разом. Робити це ми можемо, використовуючи наші вправи, які проходили раніше. І я сподіваюся, що ви вправляєтеся досить часто. Чим більше часу ви цьому приділяєте, тим більш ефективним і пластичним стає ваш мозок. Припустимо, використовуючи усний концепт свободи й повністю його проаналізувавши, ми можемо об'єднати його з фактичними концептами літака, музичного концерту, політичного кандидата та багатьма іншими.

Усне виявлення

Вони так само вирішують якусь проблему або задовольняють потребу, але не мають відчутної форми. Вони виражені форматом слів: сказань, казок, легенд, трактатів, філософських напрямів, літературних творів тощо.

Наприклад, людство часто задається різними питаннями про

те, чому в одних все добре з народження, а іншим все дістається важкою працею. Раніше різні нерівності, як і незрозуміле, люди пояснювали вищими силами. Деякі могли робити все, інші ж отримували лише обмеження. Так почали говорити про справжню свободу, яка впливала на людину й вибирала, кому як жити. Так з'явилося безліч теорій щодо того, що таке свобода й чому одні мають свободу, а інші ні. Свобода – це приклад усного концепту. Адже ви ніде не бачили предмета, який був би свободою? Але є безліч книг, картин і навіть музичних творів, які з різних боків цю свободу показують. Пошук відповіді на питання про те, що таке справжня свобода, — це також задоволення деяких потреб усе з тієї ж піраміди. Але ви вже самі можете сказати, яких саме.

Усна форма концепту може бути фактично реалізована. Візьмемо для прикладу книгу. Книжка — це фактичний концепт чи усний? Зробіть паузу й не продовжуйте читати, поки не відповісте на це питання. І буду дуже вдячний, якщо ви візьмете якийсь час, щоб над цим подумати чи прямо зараз із кимось це обговорити. Така практика буде дуже корисною у всіх темах, які ми тут розбираємо. Для того щоб ці рядки з'явилися в книзі, ми працюємо великою командою вчених, консультантів, істориків, художників, копірайтерів та менеджерів. Ми зустрічаємося для визначення різних термінів, аналізу концептів і намагаємося максимально глибоко розібрати кожну думку, яку тут описуємо для вас, дорогі читачі та концептологи.

Так от, я сподіваюся, ви вже подумали про те, яким концептом є книга. І відповідь така. Що ми можемо написати в книзі? Казку, легенду, міф, теорію, вчення, уроки та багато іншого. За фактом це все усні концепти. Але сама книга є носієм цієї інформації, а не інформацією. Книга - це комплект порожніх сторінок, на яких чорнилом написана інформація якоюсь мовою або у вигляді чисел і знаків. Вона є учасницею таких концептів, як usb-носій, жорсткий диск або величезний сервер. Сама книга є фактичним концептом, і зберігати інформацію певний час – це і є її прояв. Але ось інформація, яка там написана або намальована, чи то доповідь, чи креслення, – це вже усні концепти.

А от якщо там зображення, які абсолютно незалежно відображають вирішення якоїсь проблеми у творчому вигляді, якщо на кожній сторінці книги світлина взуття, картина відомого художника або відбиток пальця, то виходить, що книга здатна зберігати й інші фактичні концепти. Адже все вищезгадане є також фактичними концептами.

До яких форм відносяся поточні концепти?

Пісня:

_____

Смартфон:

_____

Холодильник:

_____

Повага:

_____

Пляшка:

_____

Автомобіль:

_____

Стадіон:

_____

Шахи:

_____

Футбол:

_____

Професія:

_____

§4

CONCEPT BOOK CREATION

Зрозуміло, що розвиток креативного мислення та проведення досліджень у галузі концептології – це дуже захопливо. Такий шлях буде корисним для будь-якої людини. Навіть тієї, яка не збирається займатися концептологією як своєю професією. Але ми живемо в капіталістичному світі, а отже, нам треба заробляти гроші. І бажано якнайбільше. Концептолог — це не професія для бідних, а можливість своїм унікальним поглядом на речі заробляти дуже пристойні гроші.

Продуктом, який створює концептолог, є концепт-бук. Це збірник концептів, який використовує клієнт у своєму проєкті, а також аналітика цих концептів шляхом певного схематичного розбору й рекомендацій. Це основа для всіх департаментів, які беруть участь у проєкті. Така база даних про наявні в проєкті концепти, а також кількість практичних рекомендацій заощадять керівнику проєкту величезні гроші на дрібній та великій аналітичній роботі.

Усі знання, які ви здобули раніше, обов'язково допоможуть вам у створенні такого продукту. Але поки що вони не мають структури та певної методики, яка б допомогла всім вам не винаходити велосипед щоразу, коли до нього звертається клієнт. І тому такий систематичний підхід я вже винайшов для вас. Більше того, під час наступних прикладів і пояснень щодо наповнення брифу я придумав неіснуючого клієнта та його вигадану продукцію, щоб наводити максимально зрозумілі приклади, ґрунтуючись на цьому бізнесі. Будь-які збіги з реальними компаніями та їхньою продукцією абсолютно випадкові.

Впроваджувати чи не впроваджувати?

Розберемося, що таке концепт-бук. Звернімося до суміжних сфер: сейлз-менеджери часто в роботі використовують сейлз-буки. Це документи з максимумом інформації, яка допоможе їм краще продавати продукт. Це біль клієнта, його потреби, портрет цільової аудиторії, аналіз конкурентів та інше. Бренд-мейкери використовують брендбуки. Теж свого роду презентації, у яких міститься вся інформація про візуальне та ідейне наповнення бренду. Кольори та їхнє значення, також обґрунтування, чому саме такі. Образи, які використовуються в айдентиці бренду та аргументація, чому саме вони. Різні задіяні архетипи, логотипи, іконки, картинки — буквально те, що становитиме візуальне ядро майбутнього бренду й усі ідеї, що сприяють цьому. Більше того, аналіз смислів, які необхідно донести до споживача, через візуальну складову.

Одначе! Це все досі не має нічого спільного з аналізом концептів, які використовує компанія. І тут або вищезгадані експерти повинні почати використовувати такий аналіз, або ми повинні надавати це як окрему послугу. Обидва варіанти правильні, ми можемо використовувати концепт-бук як окрему послугу з аналітики концептів, але й впроваджувати його в бренд-бук або сейлз-бук. Водночас він сам по собі також корисна складова для інших департаментів, що працюють із зовнішніми та внутрішніми процесами компанії. Я думаю, що ви розумієте, це лише кілька прикладів. У світі таких різних напрямів та департаментів операційних процесів компанії, куди можна впровадити концепт-бук, набагато більше.

Чому це найкорисніший інструмент у бізнесі?

От таки концепт-бук – це не просто красиво оформлені дані. Це масштабний інструмент, який потім залишиться з клієнтом назавжди. На його основі можна робити буквально все: ребрендинг, кризовий менеджмент, масштабування бізнесу, розширення та впровадження в різні сфери та інше. А все тому, що концепти містять у собі різні грані: і візуальну, і економічну, і аналітичну, і креативну. Якщо, наприклад, порівнювати концептолога й бренд-менеджера, то послуги першого значно виграють. Адже він не тільки розуміється на візуальній складовій та ідейності бренду, але й розуміє всю історію життя використовуваних концептів, від моменту їхнього зародження до миті, у якому вони функціонують зараз. Але бренд-мейкінг доповнює концептологію так само, як і навпаки. Це ніби в грі Lineage – поєднуючи скіли концептолога зі скілами інших професій, ви посилюєте обидві професії та робите послуги вдвічі кориснішими й багатограннішими. Концептолог з бекграундом зі створення брендів може проаналізувати його від того, наскільки концепт відповідає трендам і наскільки він може бути життєздатним у взаємодії з нагальними уподобаннями покупців, але й передбачить десятки перспектив використовуваних концептів на майбутнє. Як експерт у області концертів і в галузі створення нових брендів, така людина може спрогнозувати набагато більше варіантів на шляху розвитку концепту й порадити той, який виявиться найоптимальнішим і щодо подачі бренду, і щодо його найбільш прихованих больових точок.

Я безперечно ратую за те, щоб особливо спочатку використовувати концептологію як суміжну професію, а концепт-буки – як доповнення до ваших уже наявних послуг і скілів. Зрештою, я саме так і починав. Адже концепт — це поняття збірне. І в процесі роботи з його даними неможливо просто ігнорувати інші департаменти компанії. І це те, що робить концепт-бук своєрідним унікальним бізнес-інструментом для досягнення цілей. А далі ми з вами розбиратимемося, з чого він складається.

§4.1 Точки дотику: складання точкового брифу

Скажу відверто: до того, що зараз називаю «точковим брифом», я прийшов не відразу. Та й до концепт-буку, про який ми поговоримо далі, також. Радше, у тому вигляді, у якому його зараз отримують мої клієнти, використовуючи методику з цієї книги. Спочатку я відкрив для себе, що навколо нас існують концепти, далі зрозумів, що ці концепти покращуються, і назвав їх «концептуальними інноваціями». Я навіть уявити не міг, що це перетвориться на цілий прихований науковий напрям, який життєво необхідний для людства й нашого майбутнього функціонування. Коли я розумів, що існують різні концепти, досліджував процеси, як саме вони покращуються. У моїй голові постали питання, що стосуються природного ходу поліпшення будь-якого концепту, і штучно поліпшених, і навмисно стимульованих поліпшень.

Створюючи візуальне оформлення та ІТ-продукцію для різних компаній, я пізніше дійшов висновку, що на попередній консультації даю набагато більше аналітичної інформації. То чому ж цю, поки що не найкреативнішу інформацію, достойно не оформити? Адже одна справа просто проговорити важливі моменти, і зовсім інша – зафіксувати інформацію і дати клієнтові максимум.

До того ж, мені самому такий підхід допоміг ясніше бачити всі вихідні дані для подальшого креативу, роботи з продукцією та покращенням її концептів. Саме з цього й народилися основні пункти точкового брифу, які стосуються не тільки інновацій. Утім, давайте спочатку розглянемо різні приклади брифів.

Бриф (з англ. brief — «інструкція, зведення» [1]) — документ, коротка письмова форма погоджувального порядку між сторонами, що планують співпрацювати, у якій прописуються основні параметри майбутнього програмного, графічного, медійного або будь-якого іншого проєкту.

Бриф-анкета — це технічне завдання для запиту однієї зі сторін більш детальної попередньої інформації про угоду.

Креативний бриф — документ, що допомагає компанії правильно поставити завдання з розробки рекламного повідомлення або образу товару, створення рекламного продукту (ролика, плаката тощо).

Експертний бриф (бриф на створення і виведення нової торгової марки) – його анкетна частина, пропонована клієнту, частково є інструментом маркетингового дослідження, що передує брендингу, – створенню та підтримці торгової марки.

Дизайнерський бриф — короткий письмовий документ, який визначає бажаний результат дизайнерського проєкту.

У нашій справі бриф використовується для фіксації точок аналізу. Коли ми маємо достатньо зібраної інформації про якийсь концепт, то розпочинаємо його аналіз. У брифі можна робити собі підказки, які потім будуть використані під час спілкування з клієнтом. Наприклад, проблема, її вплив на соціум та варіанти рішень у минулому. Для того щоб максимально допомогти вам розібратися в складанні брифу в концепт-буці, я відразу ж наводитиму приклади. Ось для розбору вирішив узяти щось нескладне. Те, що люди використовують завжди. І те, про що ви, напевно, багато чого знаєте й з чим самі зможете працювати. А саме – концепт вживання кави.

З цього моменту книга стає ще цікавішою, адже тепер ви поєднаєте теорію та практику. Ви можете спокійно взяти зошит і купу ручок для того, щоб тренуватися в самостійному складанні брифу. Ви також можете скористатися комп'ютером для того, щоб відразу оформляти це в зрозумілу структуру та звикнути друкувати підсумки своїх роздумів у готовому документі. Також хочу вам порадити далі проходити лише по одному або два параграфи на день. Якщо відчуваєте, що перевантажуєтесь, можете робити перерву між параграфами. Якщо ви використовуєте це в програмі навчального закладу та поєднуєте ці дані з іншими предметами, то найкраще засвоювати один або два параграфи на день двічі на тиждень. Це справді важливо, адже мета навчання — ЗАСВОЇТИ інформацію.

Пункт перший — стисла розповідь

Немов у книзі Юваля Ноя Харарі, я завжди презентую клієнтові стислу розповідь. Але не фокусуюся на самій розповіді, а радше, на її ключових моментах. Ось сто років тому була така проблема, тоді її вирішили таким способом, а ось проблема залишилася невирішеною і до сьогодні. Або вона вирішувалася різними способами, які вже не діють, і проблеми цього концепту можна вирішити тільки новими методами. На перший погляд, зараз її вирішити можна так і так, але давайте ми заглибимося в саму суть цього концепту й спробуємо подивитися, як на неї дивляться сучасники і як дивилися пращури.

Тут ще важливо побачити плюси й мінуси проєкту, розписати їх і подумати, як надалі можна це використовувати. Насправді опрацювання цих проблем — найважливіше, бо саме на цьому й будується весь концепт-бук, усі інновації та рішення. Якби проблеми не було — ніхто не прийшов би до нас за рішенням як до концептологів.

На етапі стислого опису потрібно проаналізувати всю підноготну, перечитати історію, інформацію про концепт, зрозуміти, що в майбутньому ти будеш використовувати, чи зможе концепт стати трендом або його потрібно сколаборувати з трендом для життєздатності, або він узагалі помер і потрібно придумати, як його реанімувати чи переродити на щось інше. Тут працює лише критичне мислення. Залучаємо його й критично аналізуємо зібрану інформацію.

Стислий опис проєкту

Люди подорожували світом, відкрили нову рослину, спробували її спочатку на смак, потім випадково підсмажили, і щоб продукт зовсім не зіпсувався, перетерли на порошок. За аналогією зі спеціями, у яких на той час уже розбиралися. Потім хтось випадково залив порошок водою – і вийшов дуже запашний напій, що пізніше переросло в культуру вживання кави. Далі аналізуємо, як усе відбувалося: як пили у різних країнах, як у яку країну потрапила, де вперше почали виробляти каву в промислових масштабах.

Тепер потрібно знайти живі точки, яких стосується цей концепт або продукт. Їх можна розділити на плюси та мінуси концепту.

Плюси кавування:
- Є окрема культура кавування.
- Кава збадьорює.
- Зараз під час транспортування кави до неї
не потрапляють жуки й сміття.
- Є багато різних способів приготування.
- Кожен може вибрати за смаком.
- Світ вигадав затишні кав'ярні, куди так круто ходити на
побачення, налаштовуватися на день чи проводити ділові
зустрічі.

Мінуси кавування:
- Велика кількість кави шкодить здоров'ю.
- Зловживання кавою робить зуби жовтими.
- Кава викликає залежність.
- Кава бадьорить тільки короткочасно.
Під час транспортування і видобутку кави гинули люди.

Напишіть стислий опис іншого концепту з метою практичного навчання

_____

_____

_____

_____

_____

_____

Які плюси вашого концепту:

_____

_____

_____

Які мінуси концепту:

_____

_____

_____

_____

Пункт другий — авторський аналіз

Авторський аналіз

Процес виробництва зерен кави Копі Лувак такий, що мусанги (Paradoxurus hermaphroditus, звірятко сімейства віверрових) поїдають стиглі плоди кавового дерева (кавові вишні), перетравлюють м'якоть навколо кавового зерна та випорожнюються зернятками кави, які люди збирають, миють та сушать на сонці.

Щодо інформації про сорт кави "копі лувак". І що має бути в людини в голові, щоби вперше її спробувати. Напевно, колись звичайні речі набридають і хочеться чогось нового. Або звірятко випадково спробувало цілу партію, і треба було креативно дійти до вирішення цієї проблеми. Спочатку ця думка здається смішною, але потім у процесі брейншторtóмінгу саме вона може подарувати круті ідеї для рекламної кампанії, логотипів і слоганів і навіть картинок-мемів, які просуватимуть каву. Таким чином, є шанс реалізувати потенціал цього продукту навіть на скептичному ринку.

Ну що ж, про проблеми, методи їхнього вирішення в минулому та сучасності ми вже поговорили. Тепер – час лету фантазії. Авторський аналіз – це саме той етап, коли ми долучаємо всю свою креативність, задіюємо творче мислення і думаємо. Думаємо, як цей концепт може розвиватись.

Як його сприймуть різні соціальні групи, як реагуватимуть жінки, а як чоловіки? Як сприймуть люди різних регіонів? Що та як може впливати на їхнє сприйняття? Які болючі точки в проєкті можуть бути в майбутньому? Як це може сприйняти соціум? Ви, як автор цього брифу, озвучуєте свої думки, але вже на основі тих проблем, які раніше розкрили. На цьому етапі авторського аналізу ви даєте волю своїй фантазії та творчості. Тут важливо відпустити критичне й почати творити. І зовсім не страшно, якщо тут буде щось смішне, незв'язане чи максимально нелогічне, якась маячня. Так і має бути. Потім із цього й народиться істина. Потім усе відсіється на брейнштормі й залишиться тільки те, з чим далі можна буде продуктивно працювати.

Проаналізуйте концепт, котрий обрали для навчання

_____

_____

_____

_____

_____

_____

_____

_____

_____

_____

_____

_____

_____

Аналіз брифу ми проводимо за вже відомими вам вправами. Це вивчення парадигм.

У цьому пункті брифу нам потрібно проаналізувати різні парадигми концепту: творців, винахідників, тих, хто вигадали інновації, споживачів різних часів тощо. І міркувати з різних сторін. А раптом мають рацію перші, а другі неправі. Потім навпаки. Далі виправдовуємо всі сторони, тоді звинувачуємо всі сторони. Просто за тією вправою, яку ми вже робили й знаємо, як вона працює, прилаштовуємо її до конкретного концепту.

Вивчення парадигм

(Парадигма влади середньовічної держави)

Тут ми розвиваємо історію про те, що в багатьох країнах уряд забороняв каву нарівні з наркотиками. Нею торгували пірати та контрабандисти. Але позаяк люди все одно пили каву, цей ринок розвивався, навіть будучи нелегальним, уряд втрачав можливість обкладати податком цю продукцію і натомість витрачав величезні гроші, щоб цей продукт не розповсюджували. Вживання цього напою в результаті не призводило до таких наслідків, як інші заборонені речовини. У торгівлі каву використовували як валюту, на неї вимінювали інші товари, і це теж заборонялося владою, оскільки вона не могли впливати на економічну складову процесу. Тут простіше було би дозволити продаж кави й отримувати з цього податок.

Вивчіть парадигми вашого концепту

_____

_____

_____

_____

_____

_____

_____

_____

_____

_____

_____

_____

_____

_____

Звернімося до вправи з історіями

Нейронні історії + зв'язок усього зі всім

Беремо каву та найближчі до неї концепти, починаємо впевнено пов'язувати їх між собою, щоб вийшли цікаві суміжні концепти: банка, чашка, магазин, кав'ярня. Їх може бути значно більше, комбінуйте їх між собою. Далі переходимо до наступного етапу й пишемо історію, яка задіює всі початкові слова-асоціації: «Кава жила в магазині й завжди мріяла потрапити в кав'ярню. Кава відпочивала у своїй затишній банці й уявляла, як її аромату будуть радіти закохані парочки, попиваючи її з гарних горняток». Таких історій може бути багато, і це готові ідеї для рекламних компаній або інших цілей компанії.

Кава й магазин = кавовий ярмарок чи магазин на колесах, чи кавомобіль, чи острівець у торговому центрі, де продають каву.

Кав'ярня та банка = кав'ярня або кавовий автомат у вигляді кавової банки.

Банка й горнятко = банка, яку ти можеш використовувати як горнятко або як горнятко для кави. Може бути горнятко з кавою, порційне, у яке просто потрібно налити води. Напевно, усе-таки пластикове чи паперове.

Беремо концепт, пов'язуємо його з іншими концептами, які просто спадають на думку. Вони можуть бути близькими чи неблизькими. Якщо ми аналізуємо кілька концептів одного проєкту — пов'язуємо їх. Але акцент робимо на першому з них. Наприклад, розбираємо концепт мінеральної води. Разом з тим будуть і концепт пляшки, і родовища, і кришки. Але ми робимо акцент на воді, тому всі інші будуть допоміжними. У нас не повинні вийти однакові історія для всіх концептів, розповіді мають бути різними – і кожна з акцентом на один, конкретний концепт. Як результат ми матимемо дуже багато ідей, які ми можемо потім озвучити й продемонструвати нашому клієнту.

Виконайте вправу на прикладі вашого концепту

Опишіть наближені до вашого концепти:

_____

_____

_____

_____

_____

_____

Поєднайте відокремлені концепти в суміжні:

_____

_____

_____

_____

_____

_____

_____

Напишіть розповідь, засновуючись на суміжних чи відокремлени х концепт ах:

_____

_____

_____

_____

_____

_____

Підіб'ємо підсумки

Для наступного пункту в нашому брифі нам потрібно бачити всю картину цілком, з усіма зібраними даними й нашими ранніми рекомендаціями, але оскільки цей пункт прямо стосується інновацій, його правильно буде розібрати тут.

І важливо сказати лише одне! Коли ви знаєте достовірну інформацію про що завгодно, коли ви витратили достатньо часу на генерацію ідей для цього концепту, потрібно відпочити й підбити підсумки. А в нашому випадку уявити, як цей концепт буде функціонувати в майбутньому, поступово розвиваючись протягом наступних років. Цей пункт брифу ми заповнюємо в самому кінці концепт-буку, але я не можу його віднести до концептуальних інновацій, які ми вивчатимемо далі, тому публікую його тут.

Шляхи розвитку концепту

Цей пункт останній. Я натякну, що тут має бути написане. Адже він є підсумковим, хоч і входить до бази основних.

У ньому нам потрібно долучити як уяву, так і скептичний настрій. Щоб спрогнозувати, як розвиватиметься наш концепт, необхідно відпочити, перечитати все написане й зробити висновки. Запропонуйте клієнту, що він може зробити вже зараз, щоб цей концепт у його руках був актуальним через 5 або навіть 10 років.

Нерідко вам траплятиметься така історія, коли концепт уже віджив своє, але ті, хто з ним працює, думатимуть, що це не так. Вони будуть вважати труднощі тимчасовими і навіть не підозрювати, що скоро в їхньому продукті не буде необхідності.

Наше завдання в цьому випадку запропонувати таку модернізацію концепту, щоб нова пропозиція сама виштовхнула старий концепт геть зі сцени. Знайти потрібно ту інновацію, яка допоможе йому переродитися і бути актуальним ще не один десяток років. Хоча напевно в зовсім іншому вигляді чи іншому концепті.

Поміркуйте над шляхами розвитку вашого концепту

Що в концепті залишиться незмінним?

_____

_____

_____

Що з концепту зникне через 5 років?

_____

_____

_____

Як проєкт виправить свої недоліки?

_____

_____

_____

_____

_____

Як проєкт використає свої переваги?

_____

_____

_____

_____

У якому вигляді проєкт був би поза земною колонією?

_____

_____

_____

_____

_____

_____

_____

_____

_____

§4.2 Наочність — наше все: оформлення документа

Тут ми поговоримо про те, як найкращим чином оформити документ, який ви отримаєте після опрацювання точкового брифу, і в яких форматах це можна реалізувати для вашого клієнта. Їх буде багато, вони будуть цікавими, але досить розмитими. Адже якщо я вам скажу, що є єдино правильний спосіб донесення підсумкової інформації або результату (наприклад, презентація), то це буде обмеженням.

А такого у світі концептології не може бути. Адже концептологія спрямована не на обмеження, а, навпаки, на розвиток та вихід за межі.

Можу дати вам декілька корисних порад, котрі вподобають ваші клієнти

1. Висновуйтеся з того, які потреби у вашого клієнта. Які носії інформації він найчастіше використовує. Читає чи дивиться відео?

1. Поспостерігайте за клієнтом: він аудіал чи візуал? Як йому буде легше й комфортніше сприймати інформацію. Запитайте, чи він читає книги, слухає їх чи воліє дивитися документальні фільми на основі цих книг.

1. Цінуйте час вашого клієнта. Усе, що можна спрощувати, – спрощуйте, а що можна скоротити - скорочуйте. Не варто робити величезних масивів тексту там, де можна обійтися кількома блоками інфографіки.

1. Долучайте фантазію та комбінуйте. Ніхто вас не обмежує, ви можете вибирати кілька носіїв інформації та створювати щось своє. У будь-якій компанії завжди є безліч

документів, тому тим, на кого ви працюватимете, не звикати. Але щоб ваша презентація не перетворилася на чергову папку з паперами, варто виявити кмітливість.

1. Не використовуйте занадто багато термінів та наукових слів. Усе, що можна викласти простою людською мовою, — подайте так, щоб було зрозуміло і професору, і бабусі біля під'їзду.

Компанії все найважливіше зберігають на паперових носіях: статути, правила внутрішнього розпорядку, документи з діловодства, договори, інструкції, комерційні пропозиції. Але читати ці документи — суцільна мука. Як правило, такі документи створюють за тією самою схемою. План. Вступ. Основні положення. Висновки, підсумки. Список літератури. Бувають рідкісні винятки, коли документи оформлюють у вигляді банальних презентацій (наприклад, зведення корпоративної культури або якісь си-туативні локальні документи, що частіше стосуються діяльності персоналу), але вони теж не виглядають цікаво та вражаюче. Від бюрократії нікуди не дітись, але ми завжди можемо змінити те, що в наших силах. Навіщо додавати компанії ще одну папку документів, якщо їй це не потрібно?

Презентувати концепт-бук можна по-різному. Наприклад, зробити відеопрезентацію, де все буде оформлено документальними кадрами, цінними зображеннями, красивими слайдами й наочними картинками. Або створити цілий фільм із потрібною інформацією. Можна зробити спеціальну програму або інтерактивну гру (якщо є ресурс і бюджет), яка навіть може показати кілька результатів, залежно від того, яку дію вибере клієнт (наприклад, як у грі «Відьмак» або «Кіберпанк 2077», де є кілька різних фіналів). Можна зробити глянсовий журнал з красивими та барвистими світлинами концептів (таким чином, на столиках фірми з'явиться стос цікавих журналів про концепти компанії).

Можна створити електронний концепт-бук з впровадженими gif-анімаціями, а також клікабельними посиланнями, які зв'язуватимуть між собою кілька інших концепт-буків і будуть взаємодоповнюваними. Можна зняти короткий кліп з поясненнями основних тез зі звичайної сальдової презентації. Але насправді тут немає обмежень. Робіть так, як буде зручно вам та вашому клієнту.

§5 CONCEPTUAL INNOVATIONS

У роботі з інноваціями важливо зрозуміти, що є такі, що виникли самі по собі. Ось так склалося історично, що в якийсь певний момент часу виникла потреба в інновації, і вона з'явилася. Причому, це не щось незвичайне. Це найчастіше те, про що всі говорили, але якось руки не доходили реалізувати. Інновація не мала ніякого іншого варіанту, як втілитися. Наприклад, люди перед роботою заходили пити каву в кав'ярню, колись вони захотіли брати каву з собою і пити дорогою до офісу.

І люди вигадали паперові склянки, але вони вже використовувалися в зовсім інших цілях. Коли після війни люди не мали грошей на дорогий посуд, бізнес пластикових і паперових склянок злетів до небес. Адже вони були дешеві, а використовувати їх можна було неодноразово. У ті часи людство побачило в цьому непогану альтернативу.

Однак тоді не думали про комфорт, радше про закриття базових потреб. А ось любителі кави підхопили цю ідею і використали на свій лад – дати можливість людям йти з напоєм або пити каву по дорозі, не відриваючись від важливих справ. Це якраз і є прикладом того, як працює інновація, яка вже існувала. Усі про це говорять, але хтось втілив у життя і нарешті почав робити.

Концептуальн і інновац її — це ті, до яких треба докладати зусиль

Вони потрібні для того, щоб зробити концепт ближчим до його споживача або розповсюджувача. Зробити так, щоб його вразливі місця, які не подобаються, почали подобатися. Щоб плюси, які є в концепті, донести до аудиторії, а мінуси – перетворити на плюси й зробити так, щоб мінусів перестали боятися. Тут наше завдання перетворити вразливі місця на переваги. Нам потрібно взяти найболючіші місця, через які споживач не хоче використовувати самостійний продукт або його базовий концепт, і перетворити його на гідність. Ще раз:

вразливе місце – це те, що змушує більшість на ринку не купувати продукт. І саме їх (вразливі місця) потрібно перетворювати на позитивні рішення. Наприклад, мало хто хоче купувати каву без кофеїну, бо вважає, що там одна тільки хімія, і справжня кава не може бути без кофеїну. І ніхто не надає доказів, що це так чи не так. І це вразливе місце для тих, хто продає каву без кофеїну. У них є своя цільова аудиторія, яка й рада б купувати каву без кофеїну (наприклад, тому що з кофеїном їм не можна за станом здоров'я), але вони переконані в тому, що там така жахлива й смертельна хімія, що краще страждати від кофеїну чи взагалі вживати цикорій. Хоча доказів якихось наукових може й не бути. І ось тут якраз треба працювати з цим вразливим місцем через концептуальні інновації.

Ще приклад – окуляри для зору. Вразливим місцем можна вважати те, що часто носити окуляри прописують не тільки через поганий зір, а й тоді, коли він трохи знизився. Бути в окулярах потрібно й тоді, коли м'язи очей особливо напружуються: наприклад, за кермом або під час читання.

Водночас з усіх боків тобі починають говорити, мовляв, якщо ти вже почав носити окуляри — зір невблаганно падатиме, і ти мало не засліпнеш через те, що використовуєш окуляри, не будучи майже сліпим, як кріт. У концепті носіння окулярів і концепті самих окулярів є ще одне відоме всьому світу вразливе місце: якщо дитині потрібно носити окуляри, її можуть дражнити в школі й ображати. Такі приклади потрібно шукати в найбільших масштабах і після вдалого полювання розпочинати перетворення цих тригерів упереджень на необхідний результат.

На прикладі великих корпорацій

Сучасний світ швидко діджиталізується. Світ діджитала зобов'язує вирізнятися, і за допомогою ідейних лідерів у нас з'являються різні проєкти, які захоплюють увагу користувачів, роблячи їх життя більш цікавим або комфортним. Узяти б за приклад історію всім відомих соцмереж Twitter, Instagram і Snapchat. Вони по черзі забирали аудиторію один одного різними способами. І в основному ці способи мали стосунок саме до використовуваного функціоналу й концепту в головах у користувачів.

Можемо трохи заглибитися в ті завдання, які виконують вищезгадані соцмережі. Ідея програми Twitter була в тому, щоб надати людям можливість ділитися один з одним думками вголос, використовуючи для цього короткі повідомлення. Початковий концепт, мабуть, запозичений у пейджерів. Людина могла відреагувати на якусь відому новину, побажати доброго ранку своїм друзям або повідомити важливу новину, про яку все її оточення неодмінно дізнається. Канали новин могли швидко поширювати найважливіші відомості, додаючи посилання на них або світлину з місця події.

Головне те, що Twitter задовольняв потребу людей у тому, щоб озвучувати свої думки. І, безперечно, жартувати з будь-якого приводу. Утім, ця платформа й зараз має свою вагу. Багато політиків, зірки, офіційні ресурси й медійні персони досі використовують його, щоб повідомляти світові свої новини чи думки, створюючи справжній резонанс.

• Раптом з'явився Instagram, і першою реакцією стало: «Навіщо нам додаток, де потрібно виставляти фото та підписувати їх, якщо є Twitter, де можна писати текст та прикріплювати фото?» Але різниця виявилася величезною. Адже цей проєкт спочатку про те, що ти можеш своє життя в найяскравіших картинках показувати друзям. Понад те, ти можеш побачити їхню миттєву реакцію у вигляді вподобайки та коментаря. І тобі зовсім не обов'язково підписувати свої світлини, адже концепт цієї програми вирішує проблему обміну емоціями, а не інформацією. Різниця відчутна, чи не так? «Зупинися мить, ти чудова. А я тебе сфоткаю і покажу всім своїм друзям!» – так можна було б охарактеризувати Instagram на початку його шляху. YouTube був просто сховищем даних, до якого могли отримати доступ усі друзі та знайомі з посиланням. І таким же чином цей майданчик перетворився на комерційну платформу для блогерів та лідерів думок. Однак зараз це найпотужніший агрегат для маркетингу та продажу. Майданчик, який дає роботу мільйонам людей. Місце, де кожен намагається засвітити або сфабрикувати своє цікаве життя і просто стежити за іншими.

• Snapchat розірвав усі шаблони. Здавалося, що Instagram переживає свої останні часи й незабаром стане так само нецікавим, як для багатьох виявився Twitter після появи Instagram. Snapchat увірвався на ринок з дуже гучною претензією на функціонал додатку. По-перше, це були маски, які накладалися на обличчя. А на той момент ніхто інший подібного не пропонував. По-друге, вони запропонували формат відео, яке зберігалося 24 години. Як користувач тих часів, я можу впевнено сказати, що Instagram дуже програвав Snapchat, не маючи такого функціоналу. На той час Instagram тільки надавав можливість постити фото та 15-секундні відео в стрічці. Ніхто навіть не думав ні про маски, ні про сторіс, ні тим більше про IGTV. Але що ж сталося? У якийсь прекрасний момент виходять оновлення Instagram, у яких тепер виявилися нові ефекти, і сторіс на 24 години, і відео тривалістю до хвилини в стрічці тепер можна було виставляти.

Зовсім не випадково я розповів цю коротку історію, адже саме те, що сталося у всіх цих випадках, і є концептуальною інновацією, про які й мовитиметься. У результаті саме Instagram ми й приділимо більше часу. Адже ця соцмережа вчасно відреагувала на загрозу з боку концептуальної складової свого бренду, а також запозичила все найкраще у своїх конкурентів. Проте зробила це елегантно, масштабно та без порушень авторських прав.

Із самого початку Instagram був трендсетером. Трендсетер – це той, хто встановлює тренд, засновує нову моду q тенденції нового напряму. Він поєднував і те, що хотіли люди від Twitter, і те, чого у Twitter не вистачало. Тобто він зберіг концепт короткої розповіді новин, але водночас впровадив його в зовсім інший концепт фотогалереї з доступом для всіх друзів. Утім, за моїми спостереженнями, спочатку ніхто не сприймав такий формат соцмережі серйозно. Адже існував Facebook, і цей агрегатор тоді був найпотужнішим майданчиком для соціальної взаємодії між людьми: спілкування, обміну фотографіями, комунікації в групах. Більше того, він був прикладом для наслідування інших закордонних копій цієї соціальної мережі. Завдяки Facebook ледь з'являлася якась потреба в ком'юніті, її відразу підхоплювали й утілювали в реальність. Але Instagram запропонував себе спочатку не як соціальну мережу, а як зручну фотогалерею у вашій кишені, яку ви дозволяєте бачити своїм друзям та ще й отримувати від них реакцію.

Коли Snapchat почав активно атакувати Instagram з боку функціоналу, він швидко вирішив цю проблему, просто надавши мільйонам наявних користувачів той самий функціонал. І це було справді дієво. Плюс у форматі Instagram цей функціонал став уже історією набагато цікавішою, ніж у Snapchat. Тому що Instagram використовував маски не просто для розваги, а як елемент продажу, впізнаваності бренду та просування. Першим його протестували зірки – придумали й запустили свої маски. Наприклад, Ріанна – маску з діамантами, а Кайлі Дженнер – з різними відтінками своєї помади. Ідею підхопили магазини та створили віртуальні шоуруми. Ви тільки вдумайтеся, тепер завдяки маскам можна було буквально приміряти щось: окуляри, елемент одягу, капелюшок.

І спробуйте мені сказати, що це робота маркетологів! Ні, це робота геніїв у галузі роботи з концептами – продукт-менеджерів, девелоперів, юристів та аналітиків. Звичайно, і маркетологів, але з дуже нестандартним підходом до маркетингу. Ось так Instagram грамотно підхопив і розвинув тренд. А далі – більше. Він усе покращував та покращував свої механізми. Збільшив кількість часу для сторіс, додав можливість створювати свої маски для всіх (раніше функція близько року була доступна лише обраним тестувальникам або тим, хто оформив заявку), потім створив можливість проводити й транслювати прямі ефіри, створив IGTV, щоб зберігати прямі ефіри й заливати корисні відео, вигадав формат reels. По-моєму, я щойно освідчився в коханні Instagram. Але водночас ця компанія ніколи не порушувала своєї початкової концепції – галерея з текстовим доповненням, яку можуть подивитися друзі та поділитися своєю реакцією.

§5.1 Через посилення негативу

1993 р. у США, місті Сіетл, на ТБ була новина, що якась сімейна пара виявила в банці Pepsi шприц. Через кілька днів надійшла чергова скарга того самого змісту. Протягом наступних 24 годин по всіх національних ЗМІ прокотилася хвиля репортажів з новиною про шприци в банках всесвітньо відомого напою.

Цього самого дня місцеве підприємство з Сіетлу, що займається розливом продукції Pepsi-Cola, розпочало власне розслідування з метою з'ясувати причину виникнення цієї проблеми й потім дати відповідь ЗМІ та громадськості.

Компанія, що виготовляє продукцію Pepsi-Cola в Сіетлі, допустила знімальні групи місцевих ЗМІ на виробництво, щоб вони могли показати новітню високошвидкісну лінію з виробництва напоїв у консервних банках. Також було випущено прес-релізи, у яких запевняли споживача в тому, що компанія знайде причину того, що відбулося. PR-команда розробила новинні відеорелізи, прес-релізи, аргументи для споживачів, фото та інтерв'ю. Усе це мало дійти до відповідних аудиторій і швидко зупинити паніку.

Антикризова команда залучила компанію Robert Chang Production, яка є давнім виробником телевізійної продукції для Pepsi-Cola. Ця компанія мала створити відеоматеріал, що безвідмовно впливає на аудиторію, з ілюстрацією посилання від Pepsi-Cola. У цьому відеоролику повністю розвивалася «шприцева містифікація». Докази: така кількість претензій, пред'явлених в різних місцях у один і той самий час, не може мати під собою реального підґрунтя суто за логікою.

Виконавчий директор компанії Pepsi-Cola виступив у програмах новин на всіх основних каналах, щоб заявити про те, що компанія «впевнена на 99,99%» у тому, що цього не могло статися на підприємствах Pepsi-Cola. І хоча ця криза вартувала компанії зниження продажів на суму 25 млн доларів, уже до середини літа Pepsi-Cola компенсувала цю втрату. А літній сезон завершився з рекордним показником рівня продажів за останні п'ять років на 7% більше порівняно з минулим літнім сезоном.

Алгоритм посилення негативу

До школи приходить новий учень Джон. Ширяться чутки, що його вигнали за бійки. Жодних претензій до нього немає, але інші учні вже не дуже оптимістично до нього ставляться (тут паралель із чорним кольором, шкідливим цукром, мінеральною водою тощо).

І ось одного разу одна з працівниць школи забігає в кожен клас і говорить про те, що Джон розбив ніс місцевій зірці — бейсболісту Пітеру. Пітера викликали швидку, а Джона забрали додому батьки. Усі починають ненавидіти Джона. У коридорах тільки й чутно: «Ось тільки прийшов у нашу школу та вже такі речі робить. Не місце йому тут». Однак надвечір до кожного класу завітала директорка школи. Вона вибачилася за неправильну інформацію і розповіла справжню історію. Справа в тому, що Джон вранці йшов до школи й побачив, як Пітер розбив телефон найпопулярнішої дівчинки в школі – Лізи. Він тягав її по траві за волосся і кричав на неї. Після прохання припинити це Джону довелося захищатися, і в результаті він розбив ніс Пітеру.

Несподіванка! Усі починають любити Джона. Він стає місцевою зіркою. Іконою справедливості в цій школі. Мине ще багато часу перед тим, як у його героїзмі можуть почати сумніватися. А якщо хтось і сумніватиметься — на боці Джона тепер героїчний вчинок, сором тих, хто його засуджував, не розібравшись у правді, а також за нього стоятиме горою багато шанувальників Лізи та ненависників Пітера.

Через посилення негативу

Спочатку ми говоримо про те, що кава без кофеїну – це суцільна хімія і пити її не можна. І люди у це вірять. Чекаємо, коли ЗМІ та люди на кухнях почнуть це запекло обговорювати. І ось лідери думок почнуть проголошувати щодо цього, а їхні коментарі – розриватися від суперечок.

Одначе потім хтось проводить дослідження і виявляється, що кава без кофеїну – це все та сама кава, тільки вироблена трохи іншим шляхом. І тепер уже ця інформація розноситься просторами інтернету, і всі її уважно вивчають. Після чого картина перевертається догори дриґом.

Тепер навіть той, хто був лютим фанатом кофеїнової кави, починає замислюватися. А, може, не варто пити каву з кофеїном, вона ж шкідлива й для серця, і для судин. Адже це доведено, а безкофеїнова не така вже й погана. І тепер усі продавці кави без кофеїну тріумфують і рахують гроші.

Інновація на прикладі супу з черепах

Зазвичай ніхто б не став робити з черепахового супу ту страву, що має бути в кожному домі. Це радше екзотика та понти. Однак якщо сказати й довести науково, що черепаховий суп лікує від якоїсь серйозної хвороби, наприклад, від раку, або якщо їсти такий суп раз на місяць, то ймовірність захворіти на рак знижується до нуля, світ миттєво перевернеться. Усі геть прагнутимуть їсти черепах, почнуть розводити черепахові ферми, одразу з'явиться бізнес, і черепахи стануть популярнішими за корів або курей. А поки що супом із черепах мало хто переймається, оскільки він не вартує того, що могло б зацікавити світ. Більше того, у багатьох ця страва викликає огиду. Саме те, що потрібно для такого виду інновацій.

Проаналізуйте ваш концепт через посилення негативу

Які недоліки чи міфи ви можете посилити?

_____

_____

_____

_____

_____

_____

_____

**Як ви завчасно їх можете розвіяти
чи довести зворотне?**

_____

_____

_____

_____

Як ви можете це застосувати на практиці?

_____

_____

_____

_____

_____

_____

_____

_____

_____

§5.2 Через зворотни й булінг

Протягом останніх кількох десятиліть світ гуде про маркетингові війни. Це історія про те, коли два гіганти з однієї сфери воюють між собою, проводять зухвалі рекламні кампанії, сміливо висміюють недоліки опонента, намагаються швидше впровадити якісь технологічні новинки й хочуть бути більш креативними. Але тут важливо запам'ятати, маркетингові війни – це про бізнес, але не про інновації. Відомо, що вони створюють ком'юніті тих, хто підтримує одне та відкидає інше. Хоча стосуються вони не лише компаній, а й прихильників діаметрально протилежного. Наприклад, м'ясоїди та вегетаріанці. Любителі алкоголю, тютюну та ЗСЖники.

Три кити, на яких тримається вразливі сть концепт у: стереотип и, упередженн я і булінг

Ті, хто вважає за краще користуватися технікою Apple, і ті, хто вважає себе амбасадором Samsung. Ті, хто любить KFC більше, ніж McDonalds, або навпаки. Таких прикладів багато. Але нас цікавить суть концептуальної інновації. Вона в тому, що саме в процесі суперечок між двома таборами народжується те, що змушує цих гігантів рухатися вперед. Те, що мотивує воювати компанії за серця своїх користувачів і постійно вигадувати, як поліпшити свій продукт, чим зацікавити й підкупити тих, хто є цільовою аудиторією. **Традиц ійно розберемо на приклад і вегетар іанців і м'ясоїдів:**

Аргумент и м'ясоїдів

Ти їси одні рослини, не отримуєш вітамінів та корисних тваринних жирів та білків. Так не можна!

Мало того, що сам їси одну траву, то ще й дитині нав'язуєш свій спосіб життя. А їй потрібний тваринний білок.

Через тебе страждають поля та плантації. І навіть тварини: ти забираєш їхню їжу.

Аргументи вегетаріанців

У м'ясі немає нічого корисного, зараз воно синтетичне й напхане антибіотиками.

Це вбивство ні в чому не винних тварин.

Те, що ти їси м'ясо, не твій вибір, а нав'язана суспільству ідеологія величезних корпорацій, яким не прожити інакше.

З таких обговорень і народжуються інновації. З'являється рослинне м'ясо, яке повинно задовольнити запити й перших, і других. Інтерфейс в iOS та Android стає все більш схожим. У KFC з'являються бургери, а в McDonalds — хрусткі крильця. Усе для того, щоб переманити аудиторію конкурента. Задля утримання своєї створюються моделі з вологозахисною та потужною батареєю, продумується камера й софт, адаптований під соцмережі, тощо.

Найголовніший конкурент кавування – це чаювання. Головні конкуренти користуються тим, що популяризують чайні церемонії, люблять гарно проводити час із чаєм. Вони стверджують, що чай корисніший, і справедливо відзначають, що після вживання чаю вночі спати легше й приємніше, а вранці відчуваєш приплив енергії.

Ми повинні відзначити, що в цій інновації варто наголосити на каві без кофеїну, яку можна випити навіть на ніч. Це сильний аргумент на користь аргументу щодо нічної кави. До того ж ми можемо розробити безкофеїнову каву на травах і навіть заспокійливу каву перед сном. А природні пігменти чаю з великою імовірності прилипнуть до зубної емалі на відміну від пігментів кави.

Щодо денного вживання, цей тип інновацій не працює. Дослідники з Університету графства Саррей у Сполученому Королівстві підтвердили, що обидва напої однаково корисні для концентрації уваги протягом дня.

Доповніть своєю ідеєю щодо кавування:

_____

_____

_____

_____

_____

**Бачення підвидів концепту
від першої сторони:**

_____

_____

_____

**Бачення підвидів концепту
від другої сторони:**

_____

_____

_____

**Як ми можемо об'єднати їхні аргументи
в новій пропозиції?**

_____

_____

_____

§5.3 Через ефект чуда

Уже з самого початку цей метод здійснення концептуальної інновації звучить інтригуюче. Усе тому, що він працює з тією частиною людського свідомого та підсвідомого, яке завжди відгукується на диво, красиві історії, неймовірні пригоди та абсолютно все, що пов'язане з почуттям присутності чудес.

Ця інновація безпосередньо спілкується з нашою внутрішньою дитиною, яка ще не «зіпсувала» своє ставлення до світу різними пережитими страхами, болями та втратами. Тільки дитина може вірити в диво без жодних реальних доказів, будучи на 100% упевненою, що це правда. Поверніться на хвилинку у своє дитинство або юність: згадайте, як ви сподівалися, що одного разу сова принесе вам лист зі школи чарівників. Або як намагалися не заснути до ранку в новорічну ніч, щоб на власні очі побачити Санту Клауса, писали листи Святому Ніколасу про бажані подарунки або залишали на ніч моркву для оленя, що літає, і молоко з печивом для чарівного дідуся. Так ось зараз ви навчитеся покращувати практично будь-який концепт, використовуючи ці почуття на благо самого концепту й усіх його користувачів.

Від фантастичних оповідань — до реального життя

Хоч усі ми стаємо старшими, але десь у глибині душі віра в диво живе в кожному. І суть інновації через ефект дива якраз у тому, щоб зачепити ці струнки нашої внутрішньої дитини, яка вічно живе. Але найпрекрасніше в цій інновації те, що це не вигадка. Насамкінець диво відбувається насправді. І чарівником у цьому процесі є саме ви! Часто можна зустріти винаходи, які до цього існували тільки у футуристичних книгах і фантастичних фільмах. Ми їх уже зараз використовуємо в реальному житті. Наприклад, у книгах фантастів минулого століття часто використовувалися пристрої для відеозв'язку. Тобто не просто банальні телефони, а такі, де під час дзвінка можна було бачити свого співрозмовника, та ще й у реальному часі. Ще в 90-х роках XX століття це здавалося чимось неможливим, але подивіться на нас зараз!

Ми можемо дзвонити, використовуючи будь-який шматок металу в наших руках, і бачити один одного через крихітну чорну пляму на цьому пристрої! Це те диво, яке перейшло в повсякденне життя і просто стало його частиною. Ще приклад — у книгах часто писали про новий формат телебачення: тобто не ти дивишся на те, що тобі показують, і тоді, коли тобі показують, а ти сам вибираєш, що дивитися.

Якби наприкінці XX століття ви сказали комусь, що вони будуть ходити з тонким металевим планшетом, на якому можна дивитися тисячі фільмів і телепередач на власний смак, вам би відповіли, що ви під сильним враженням серіалу «Зоряний шлях» . Але в 2021 р. маємо десятки різновидів планшетів, на яких у вільному доступі мільйони годин контенту на Youtube, Netflix, Amazon та інших.

Основний секрет для створення дива

Чим доросліша людина, тим більше негативного досвіду вона проживає. Цей факт ми не можемо змінити. Однак, чим більше людина пережила негативного досвіду, тим більше вона шокована, коли не може пояснити елементарний картковий фокус. Що вже казати про те, коли на її очах відбувається справжня магія. **«Доросла людина вже не вірить, що диво може статися, але внутрішня дитина продовжує сподіватися, що це можливо»** .©

Саме у створенні незрозумілих магічних рішень основна роль інновацій через ефект дива. Момент, коли люди розчарувалися і втратили свою віру в диво, - найідеальніший крок для будь-якого концепту, щоб їм це диво показати й віддати в довічне користування.

Саме на це одного разу поставив Стів Джобс, а потім уже робив так усе життя

Він зробив не просто комп'ютер. Раніше комп'ютери були зовсім іншими: вони виглядали як клавіатура із операційною системою. І Стів теж такі робив на самому початку свого шляху. Їх треба було підключити до телевізора, і тільки так можна було працювати. Такий комп'ютер допомагав дуже швидко обчислювати математичні задачі, навчатися геометрії, створювати бази даних і навіть грати в примітивні ігри. За часів сучасників Джобса це все виглядало просто як нескінченний потік тексту, розділений на таблички, але Джобс був одним із перших, хто створив графічний інтерфейс, використовуючи комп'ютерну мишу, набір текстових шрифтів та програму для малювання. Люди розуміли, що це класно, коли в тебе вдома персональний обчислювальний робот, який миттєво справляється навіть із найскладнішими завданнями. Це справді чудово, коли на робочому столі міститься те, що раніше займало цілі кімнати на заводах. Проте ніхто навіть мріяти не міг, що комп'ютер перетвориться на частину твоєї свідомості і буде красиво розкладати файли по папочках, керувати курсором і тим більше малювати різними кольорами по уявному паперові. Звучить як казка, чи не так?

На той момент графічні дизайнери вже використовували мишку. Нею водили по екрану, і, коли натискали кнопку, вона просто починала малювати. Але це не був курсор для керування, а радше інструмент, що наносить лінії та точки різних форм на екран монітора. Якось Джобс побачив це й сказав: «Майбутнє комп'ютерів — це мишка. Ось побачите, мине час, і люди не будуть уявляти комп'ютер, який не керується курсором». Він сказав, що мишку будуть використовувати не для того, щоб винятково малювати рівні лінії, а для того, щоб у цілому користуватися комп'ютером. Так воно й сталося. Спробуй собі уявити свій комп'ютер без мишки чи тачпада? Так Джобс уперше використав інновацію через ефект дива. І насправді, це була дуже проста інновація порівняно з його наступними інноваціями з використанням того самого ефекту.

Стів, звісно, завжди був майстром презентації. Тому часто на його виступах люди зазнавали емоційних потрясінь. Він знав, на які важелі надавити й коли зробити презентацію, щоб ефект викликав найяскравіші емоції!

Він зрозумів, що можна добре спрацювати на тому, чого хочуть люди. Досліджував тенденції, прислухався до людських бажань — і був завжди на крок попереду. Коли до Джобса приходили маркетологи з заявою провести опитування населення, він відповідав: «Це зовсім не потрібно, адже люди поки що й самі не знають, чого вони хочуть». Люди сприймали Стіва як генія, який дивиться в майбутнє. А насправді він просто знаходив диво, на яке чекають люди, і робив усе можливе, щоб втілити його в життя. Геніально, правда?

1995 року Стів у інтерв'ю сказав: «Знаєте, Apple сильно пошкодило те, що після мого виходу в Джона Скаллі почалася дуже серйозна хвороба. Я бачив її і в інших. Коли ти думаєш, що гарна ідея – це 90% успіху. І варто тобі сказати всім, що і як робити, звичайно, вони підуть і зроблять. Проблема в тому, що потрібні серйозні зусилля, щоб перетворити хорошу ідею на хороший продукт.

І коли ви вдосконалюєте цю ідею, вона змінюється і росте. Вона ніколи не втілюється, як задумано. Адже ти дізнаєшся більше, вдаючись до деталей, і розумієш, на які серйозні компроміси доводиться іти. Просто деякі речі електроніці не підвладні. Не підвладні ні пластмасі, ні склу, ні заводам, ні роботам. І коли ти розумієш, що означає створити продукт, доводиться пам'ятати п'ять тисяч речей, розуміти ці концепції, поєднувати їх воєдино й продовжувати дотримуватися їх у нових формах, щоб домагатися бажаного. І ти щодня відкриваєш щось нове, чи це проблема, чи шанс, щоб поєднати ці речі трохи по-іншому. І цей процес — справжнє чаклунство!»

А що, коли не ефект дива?

На мою думку, зараз цього вже немає. Apple тепер дає людям те, що вони очікують: три камери, тонкий ноутбук, водонепроникний корпус. Ще кращий дизайн, ще тонші й легші параметри. Причиною цього стала відсутність головного концептолога компанії. Таке вже відбувалося раніше, коли Стіва вперше усунули від його компанії. Створивши аналогічну компанію NeXT, яку Apple згодом викупив, повернувши Стіву посаду президента компанії, він і дав вищезгадане інтерв'ю.

Крім цього, він прокоментував стан компанії Apple на той момент, який дуже нагадує її поточний стан: «Джон Скаллі прийшов із PepsiCo. З компанії, яка не змінює свій продукт уже щонайменше десять років. Максимум, що вони можуть змінити, це запропонувати новий розмір пляшки. Але якщо ти людина продажів, ти не можеш до ладу змінити курс компанії.

Тож тебе оточуватимуть лише продавці та маркетологи. Вони думають, як продавати продукцію, щоб зростала вартість компанії. Для PepsiCo цього, напевно, достатньо. Але якщо таке трапляється в технологічній компанії, вона стає монополією. Але що ви робите далі? Найкращу копію чи найкращий комп'ютер?»

«І компанія забуває, що означає робити хорошу продукцію. І генії, які працюють над продукцією, залишаються за бортом, через людей, які керують цією компанією, не маючи жодної концепції відмінності хорошого продукту від поганого. І у них зазвичай немає почуття у їхніх серцях, як дійсно допомогти користувачам. Вони просто намагаються знайти найкращий шлях, як стати найвідомішою компанією в комп'ютерній індустрії».

Зараз шлях цієї компанії викликає такі самі почуття, коли знімають фільм за відомою книгою. Більшість глядачів уже читали сюжет та уявляли, як це може виглядати. Вони йдуть до кінотеатрів, а дива нема. Адже кожен уявляв усе по-іншому і найчастіше навіть краще, ніж вийшло у фільмі.

Заздалегідь максимальний успіх – потрапити на одну хвилю з читачем і зняти все так, як він собі це уявляв. Або сподіватися, що більшість глядачів ніколи не читали книгу. Проте у випадку з Apple це фактично неможливо, адже люди вже давно користуються їхньою продукцією і припускають, що може бути в наступних версіях їхніх винаходів.

Люди постійно невдоволені. Адже в їхніх головах по-іншому. І єдина можливість здивувати їх — надати те, що їм потрібно, про що вони могли тільки мріяти. Разом із відходом із життя

Джобса зі світу Apple пішла й інновація через ефект дива. Тим паче тепер тенденції швидше підхоплюють конкуренти. І якщо в 2010-х роках iOS та Android відрізнялися, то зараз навіть їхній інтерфейс нагадує один одного.

Розберемо ся, як створити цей ефект

Як і в будь-якій іншій інновації, у нас є певна структура, яка допомагає зробити диво. Для початку нам потрібно знайти функціонал концепту, з яким ми стикаємося щодня, і нам це чинить дискомфорт. Що вас дратує в цьому концепті?

Якщо люди звикли до того, що їх дратує, — на диво вони вже не сподіваються. А наше завдання – знайти якомога більше таких «багів» і скористатися ними для поліпшення якості життя людини, яка використовує концепт.

Через ефект дива

Що дратує?

- Не можна пити каву перед сном, бо точно довго не заснеш.

- Неможливо зрозуміти, яка кількість кофеїну потрібна зараз в організмі. І чи потрібно взагалі пити каву в цей час?

Як можемо вирішити?

- Зробити спеціальну каву з трав, яка за смаком не відрізнятиметься, але ніяк не впливатиме на сон. Або навіть допомагатиме заснути.

- Створити пристрій, який визначатиме в конкретний момент, скільки кофеїну потрібно вжити. Можливо, він буде схожий на браслет.

- Необхідно випустити оригінальну кавоварку та стіки,

наповнені кавою з різним вмістом кофеїну. Коли машина отримує інформацію про необхідну кількість кофеїну, вона робить каву, яка тільки покращить стан користувача й точно йому не зашкодить.

Проаналізуйте ваш концепт через ефект дива

Що дратує?

_____

_____

_____

_____

Як можемо вирішити?

_____

_____

_____

_____

_____

_____

_____

§5.4 Через попереднє покращення репутації.

Репутація та імідж – це все. Особливо в сучасному світі, коли можна знайти інформацію та відповіді практично на будь-яке питання. А найнегативніші новини розповсюджуються блискавично. Простори інтернету повняться відгуками й реакціями покупців на найдрібніші негативні моменти.

Наприклад, якщо продавець якоїсь компанії обійшовся неввічливо з вами в магазині, і ви написали про це відгук у мережі, то, напевно, усередині компанії будуть розбирати ситуацію, а також аналізувати, чому продавець так вчинив. Навіть якщо таке сталося у величезній корпорації, такі тенденції розпізнають і підключать максимум фахівців для усунення подібної проблеми. А потім, можливо, перегляд стандартів роботи, доган і, радше за все, вам ще й якийсь презент дадуть або знижку. Таке практикують багато брендів, які дорожать репутацією.

Адже зараз, щоби тебе любили, поважали й бажали твій корпоративний чи особистий бренд, потрібно надавати не просто якісний продукт, а й першокласний сервіс. І не має значення, ви виробник пива, локальна пекарня, письменник, співак чи актриса. Люди платять за те, щоб скористатися вашим продуктом, дивитися на вас або слухати ваш голос.

Як працює це покращення?

Інновація через завчасне поліпшення репутації, коли роблять усе, щоб поліпшити свою репутацію до того, як станеться щось незворотно погане. Начебто все логічно. Але якщо репутація і так дуже гарна, то навіщо її покращувати? Пояснити таку інновацію найпростіше на прикладі з Емілією Кларк (Дейнеріс Таргарієн у фільмі «Гра престолів»). Задовго до виходу останнього сезону вона вже знала, що її сприйматимуть негативно, тому що в останній серії персонаж, якого грала актриса, виявився вкрай негативним. А у світі кіно так буває, що глядачі ототожнюють персонажа безпосередньо з особистістю актора. Це може навіть зіпсувати всю кар'єру або прив'язати актора до цієї ролі. Взяти, наприклад, актора Тома Фелтона, який грав Драко Малфоя в «Гаррі Поттері». Його дуже довго сприймали винятково як негативного героя. В інтерв'ю актор розповідав, що діти, побачивши його в місті, боялися до нього підходити.

Емілія вчинила мудро, використавши інновацію через явне покращення репутації. Приблизно за рік до виходу останнього сезону вона відкрила свій канал на Youtub, почала знайомитися з людьми й показувати себе такою, як вона є, – милою і приємною леді. Потім почала активно записувати відеопранки. Водночас разом з іншими акторами фільму вона з'являється в смішних відео або, переодягнена в костюми інших персонажів фільму, розгулює головними вулицями Нью-Йорка.

Емілія знімається в чуттєвих та романтичних фільмах, грає добрих позитивних персонажів, багато жартує та бере участь у різних ток-шоу. І публіка сприймає це просто як звичайне життя публічної людини. Водночас захоплюючись нею. Але через рік, як і планувалося, усі шоковані останньою серією «Ігри престолів». Адже роль Емілії є негативною, а поворот фільму — несподіваний.

Вона зробила інновацію свого особистого бренду. Завчасно покращила свою репутацію ще більше, знаючи, що незабаром станеться те, що обов'язково погіршить її. І способів зробити це багато. Так само й у брендів: чим більше вони роблять себе дружніми, співчутливими, добрими, благодійними, прикольними, смішними, контактними з аудиторією та близькими до народу (не на словах, а діями), тим менш їм страшний удар по іміджу чи репутації, що обов'язково відбудеться. У такому варіанті люди самі виправдовуватимуть якусь помилку бренду. І на жахливу новину, яка точно погіршить його репутацію, скажуть: «Вони ж такі добрі, це випадковість!» або «Вони ж стільки всього роблять для людей, кожен може помилятися. У цьому немає нічого страшного".

Що варто робити для завчасного покращення репутації?

- Проводити благодійні фестивалі.
- Робити подарунки.
- Допомагати сплачувати лікування.
- Створювати фонди допомоги нужденним.
- Втілювати чиїсь мрії в життя своїм коштом.
- Влаштовувати різні конкурси й челенджі.
- Спілкуватися з аудиторією особисто.

А що саме є інновацією?

Справа в тому, що ми таки працюємо з концептами, а не з брендом. Але ця інновація тут виникла не випадково. Адже поки для маркетологів це є чудовою ідеєю, і вони вже поспішають втілити її в життя своїх компаній, концептологи можуть використовувати ці знання геть у іншій іпостасі. Працюючи з концептом, нам потрібно зосередитись на тому, як покращити репутацію не бренду, а самого концепту. Адже в концепту вона теж є, і цілком може бути як гарною, так і поганою. Чи запитували ви, яка репутація в концепту похорону в чорному й у похорону в білому? Думали ви про те, яка репутація була в Середньовіччі в професії ката? А в професії судді? А в кого була гірша? Ця інновація дає нам можливість уперше поставити запитання щодо того, яку репутацію має концепт у різних верств суспільства, а далі передбачити, де репутація буде однозначно погіршена, і провести з концептом точно такі самі маніпуляції, які зробить будь-який досвідчений маркетолог з брендом .

Через завчасне покращення репутації

Ми знаємо, що кава може допомагати в якихось ситуаціях. Наприклад, не заснути, коли треба багато працювати. Або прокинутися та відчувати бадьорість, коли довго не спав. І ми використовуємо саме ці переваги. Беремо їх за основу й на цьому підґрунті влаштовуємо гучні події.

- Привозимо каву з різних країн, щоб розширювати та розвивати культуру кавування. Намагаємося бути першими, хто знайомить споживача з досвідом кавування в інших країнах. Ми надаємо спеціальні ціни на каву для викладачів університетів та шкіл, а також для студентів із посвідченням.

- Ми привозимо каву в будинки для людей похилого віку та лікарні, щоб лікарям було легше чергувати нічні зміни, а хворі зі зниженим тиском вживали саме нашу каву.

- Ми показуємо каву у фільмах і робимо її атрибутом добра: наприклад, коли детективу потрібно розібратися в загадці, то він усю ніч досліджує її, випиваючи багато кави. А потім до нього приходить осяяння – і він знаходить рішення.

Тепер ще більше адаптуємо це до стану концепту. І замість самої марки кави ми просуваємо саме каву. Не нашу марку, не наш бренд (це зроблять маркетологи), а саме церемонію кавування. Можливо, цей детектив у фільмі буде щоранку приділяти 15 хвилин для щоденної церемонії зі своїми фішками. А вчителі облагородять зустрічі на перервах і будуть не просто пити каву, а з особливим підходом до цього ставитися. Студенти це робитимуть не паралельно з написанням рефератів, а знайдуть для цього ритуалу час. А значить, ми продаємо не тільки каву й не тільки безліч аксесуарів для кави, але й саму ідеологію пити каву не «між іншим», а спеціально й максимально насолоджуючись процесом.

Наприклад, в одній з філій виявили, що по каві гуляють щури й залишають там сліди своєї життєдіяльності. Ми про це дізналися першими, і наші локальні представники вже зробили все для вирішення проблеми. Але один із колишніх працівників філії вже заявив у пресу. Журналісти незабаром про це розкажуть усім. Замість того щоб переживати, ми просто зможемо розраховувати, що достатньо покращили свою репутацію в минулому й у відповідь на новину напишемо, що це єдиний випадок. Безперечно, користувачі подумають: «Так, у всіх буває недогляд. Але це лише одна філія, а не вся компанія. Тим більше, вони її вже закрили й усе виправили. А кава в них смачна, і церемонії постійно відвідуємо. Президент компанії сьогодні вранці заявив, що вони перевірили всі інші відділення — і там все добре. Отже, не на фабриці ж щури, а у відділенні. Тож під час упаковки таких інцидентів немає». Саме так і працює інновація через завчасне покращення репутації!

Проаналізуйте свій концепт через завчасне покращення репутації

Які переваги можна завчасно використовувати?

_____

_____

Як можна реалізувати ці переваги?

§5.5 Через колаборацію

Лексичне значення слова колаборація (від латин. con – «с», laborare – «трудитися» і англ. collaboration) – співпраця, узаємодія, кооперація, спільна діяльність. Простими словами, це спільна діяльність двох чи кількох сторін для отримання певних результатів. Сторони, що беруть участь у колаборації, називаються колаборантами. Ми ж можемо визначити кілька типів колаборації концептів.

Коли ви колаборуєте два непов'язаних концепти з метою ідеологічного доповнення

Наприклад, беремо кросівки й Чарлі Чапліна, який у фільмах ходить у страшенно незручному взутті. Величезний і комічний. А потім кажемо: «Дивіться, ось Чарлі Чаплін ходив у таких черевиках, і йому було страшенно незручно. Але якби він ходив у наших кросівках, він геть не відчував би дискомфорту». І випускаєте взуття такого формату, яке запозичило деякі риси Чапліна.

До цієї інновації ми звикли, її часто використовують маркетологи, проте, хоч вона використовує різні концепти, її складно назвати концептуальною. Вона просто є, вона дає змогу подивитися на звичні речі з іншого ракурсу. Але якихось якісних змін двох цих концептів особливо не несе. Такий тип інновації просто потрібно знати та розуміти. У концепті, по суті, нічого особливо не змінилося. А що покращилося? Змінився зовнішній вигляд.

Прикладів таких колаборацій у світі багато. У модній індустрії найбільш затребуваними для об'єднання брендами є Disney та Dolce&Gabbana. Або Dolce&Gabbana та виробник побутової техніки Smeg. Або той самий «мишачий замок» та Alexander Terekhov. Або випадок, коли після виходу фільму «Малефісента» з'явився продукт колаборації у вигляді цілої лінійки косметики від MAC у стилі цього фільму та головної героїні. Такою самою подією можна назвати нову серію The Simpsons MAC.

Коли в колаборац ії з кимось, ми покращуємо концепт

У фільмі «Назад у майбутнє» був епізод з кросівками Nike з шнурками, що самозав'язуються. І через десяток років ця компанія випустила такі самі кросівки, коли така фантастика технічно стала реальністю. Вони дійсно створили таку модель кросівок, які стали покращеною версією попередніх моделей (шнурки, і правда, зав'язувалися самі), і в той самий час це була колаборація з фільмом.

Коли колаборац ія відбувається в самому концепт і

Lucky Strike спочатку були заводом, який робив сигарети з різних сортів тютюну для різних марок за певною рецептурою та стандартами. Але одного разу робітники розпочали страйк

— їх не влаштовували умови роботи та зарплата. Вони висунули керівництву умову: якщо ніхто до них не прислухається, вони перемішають усі сорти тютюну. Отже, компанія втратить величезні гроші. Ціла партія тютюну буде безповоротно зіпсована. У результаті начальство проігнорувало погрози, а страйкарі таки перемішали тютюн.

Забастовка вщухла, але власникам треба було придумати, як виправити ситуацію. Вони вирішили дізнатися, що ж вийшло з тютюнової мішанини. Так з'явилася нова марка цигарок, яка отримала назву "Lucky Strike". Ось так вони й випустили новий продукт, якого раніше навіть не передбачалося на ринку. Так ще й підкріпили його такою гарною історією.

Другий приклад – це торт «Київський». Є багато історій його походження. Найцікавіша, коли кондитер вимкнув піч, але забув дістати коржі, і вони перетворилися на пересохлі шматочки тіста. Щоб уникнути покарання від начальства радянського заводу, кондитер поламав коржі, перемазав їх кремом і сказав, що ухвалив таке рішення для збільшення асортименту. Людям торт сподобався, і буквально за кілька днів уже стояли цілі черги за смачною новинкою. Тим більше, що на радянщині з асортиментом був серйозний дефіцит.

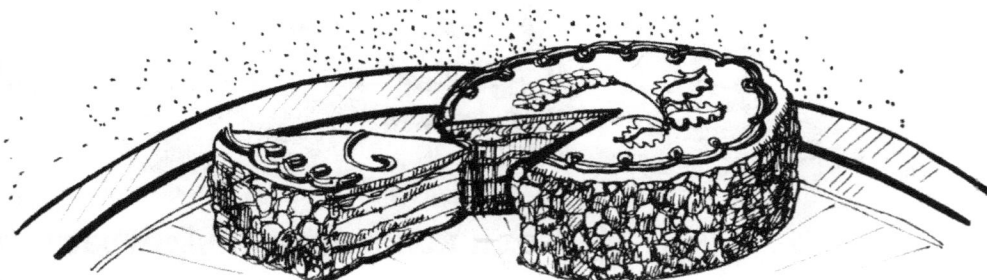

Цікавий приклад концептуальної інновації, коли така колаборація відбувається спеціально, є в культурі куріння кальяну. Інновація через колаборацію набула сенсу, коли замість чаші стали використовувати різні фрукти: кокос, яблуко, гранат. Додавати в колбу напої – від вина до молока та авторських сумішей. Робити спеціальні крижані колби й суміші тютюну, створювати курильні камені для тих, хто не хоче курити тютюн.

Через колаборацію

Можна і тут використовувати свій же концепт і колабірувати його з ним же. На прикладі кави ми можемо зробити колаборацію з чаєм. Посмажити каву, розтерти її в порошок і те саме зробити з листям чаю. Змішати та отримати новий напій. Або змішати кавовий порошок із какао.

Змішати каву з іншими несподіваними продуктами, які можна висушити й перетерти в порошок. У результаті з'явиться не просто новий асортимент товару, але, можливо, і нова хвиля користувачів, для яких цей напій стане улюбленим.

Проаналізуйте свій концепт через колаборацію

_____

_____

_____

_____

_____

_____

§5.6 Через нав'язливий розвиток

Один із сучасних законів бізнесу говорить: «Вирізняйся або помреш». Нічого дивного, бо з кожним роком бізнесів дедалі більше, а ніш дедалі менше. Що ж робити, щоб не прогоріти в перші місяці свого існування? Як утримати позиції, коли ти бачиш, як новенькі компанії наступають на п'яти? Тут головне бути сміливим і не боятися змінити звичну для себе концепцію.

Коли здається, що виходу нема

Якщо у вас чи вашого клієнта виникло таке відчуття, то потрібно звернутися до інновації через нав'язливий розвиток. Цю інновацію найчастіше варто використовувати, коли на ринку вже багато конкурентів у одній ніші.

Ця інновація найприкріша, адже це означає, що ваш бізнес знаходиться не в блакитному океані можливостей, і треба добре поборотися. Не тільки з конкурентами, а й зі своїм власним его. Адже власнику бізнесу потрібно дуже критично подивитися на сферу, у якій працює цей бізнес. Чесно сказати собі, що мій продукт такий самий, як у інших, що на цьому етапі мій бізнес нічим не відрізняється, і у нього немає нічого особливого або вкрай мало. А потім проаналізувати всі «вхідні дані» про ваш стан справ і змінити своє позиціонування і концепцію на 360 °.

Яскравий приклад – кейтеринг послуг. Коли є кілька маркетів і всі вони однакові :

- Продають одні й ті самі продукти.
- Використовують одне й те саме розміщення полиць.
- Надають схожі умови лояльності для покупців.
- Одягають персонал у схожу форму.
- Побудовані за одним принципом.

Або, наприклад, стейк-хаус. Там однакове м'ясо/постачальники, схожа ідея, схожі рецепти, навіть музика схожа. Або та сама кав'ярня! Помічали, як багато кав'ярень схожих одна на одну: маленькі, з однаковими машинками, усі пропонують каву «to go», варять усе найтиповіше: лате, капучино, еспресо, американо. Продають печиво та корисні батончики. Ще й знаходяться за метр один від одного. Чим керуватиметься людина під час вибору? Радше за все, вона просто вибере місце поблизу або де їй більше подобається бариста

І так із усім. Щоб завоювати свого споживача, потрібні концептуальні зміни й гостра кмітливість. У цьому плані яскравим прикладом є українське місто Львів. Воно відоме не тільки красивою архітектурою, а й тисячею концептуально особливих закладів. Сюди приїжджають люди з усього світу, щоб насолоджуватися не тільки душею міста та смачною їжею, а й кричущими концептуальними рішеннями. Тут кожен заклад чи мережа закладів зі своєю унікальною фішкою. Хоча начебто все про їжу.

- Є тут один цікавий заклад, де принесуть тобі рахунок на 15000 українських гривень (валюта держави Україна), коли ти поїв на 1000 гривень. А все тому, що тут заведено торгуватися. І якщо ти досить красномовний, то зможеш заплатити навіть менше, а якщо не дуже переконливий — набагато більше.

• Є заклад, де всі ціни від початку ×10. Тобто в меню замість 120 за салат вказано 1200. Тут потрібно знати кодове слово або виконати завдання від офіціанта, щоб усі ціни поділилися на 10. Але, якщо хочете, можете платити й у 10 разів більше.

• Є кав'ярня у вигляді старовинної шахти. І там можна буквально накопати собі кави. Вам навіть дадуть каску та вагонетку для антуражу.

• Є заклад, де все зроблено в стилі чернечого підземелля. Кам'яні стіни, офіціанти в рясах. Посуд із глини та столове приладдя, викуване справжніми ковалями. Суп тут п'ють з чашок, а м'ясо подають на розпеченому камені, що димиться.

• Є заклад, де всі коктейлі приносять у лабораторних пробірках та колбах. Вони найрізноманітніших кольорів та ємностей.

Що потрібно враховувати під час нав'язливого розвитку концепту?

Впровадити цей концепт у «щоденний раціон» користувача. Десь до 2015 року в Лос-Анджелесі ніколи не було електричних скутерів для моментальної оренди. Люди купували собі свої, і вони, радше за все, не були електричними. І раптом почали з'являтися самокати прямо посередині дороги з пропозицією орендувати їх через спеціальний мобільний додаток. Потім можна було взяти в оренду велосипед. І буквально через рік у всіх моїх друзів склалося враження, ніби оренда велосипедів і скутерів існувала завжди. Більше того, складно згадати часи, коли це було не так, хоч насправді минуло дуже мало часу. Це можна тепер назвати кровним зв'язком із брендом. Коли бренд у крові. Але про це поговоримо трохи пізніше.

Це хороші приклади того, як інновація застосовується через нав'язливий розвиток. Але для того, щоб нею опанувати професійно, потрібно ще й розбиратися в так званій піраміді брендингу. Я про цю піраміду дізнався від свого першого майстра в Київському університеті ім. Карпенка-Карого Володимира Оселедчика. Він був у команді співтворців одного з найуспішніших українських телеканалів 1+1, і ця піраміда також лежала в основі створення цього каналу. Але ми її розглянемо з позиції готовності всіх концептів, якими користується бренд. Тому зараз трохи повернемо в її бік.

Який вигляд має піраміда та про що її рівні

Давайте розберемо на прикладі відомої торгової марки кави. Поставимо віртуальним користувачам питання про те, чи знають вони, що таке Jacobs. Без уточнень та прикладів – лише назва. Для початку ви можете подивитися на малюнок піраміди, щоб розуміти, які пункти в пріоритеті під час оцінки впливу концепту на соціум. А нижче ознайомитися з формою, де я докладно поясню, які питання як впливають на таку оцінку та збір даних.

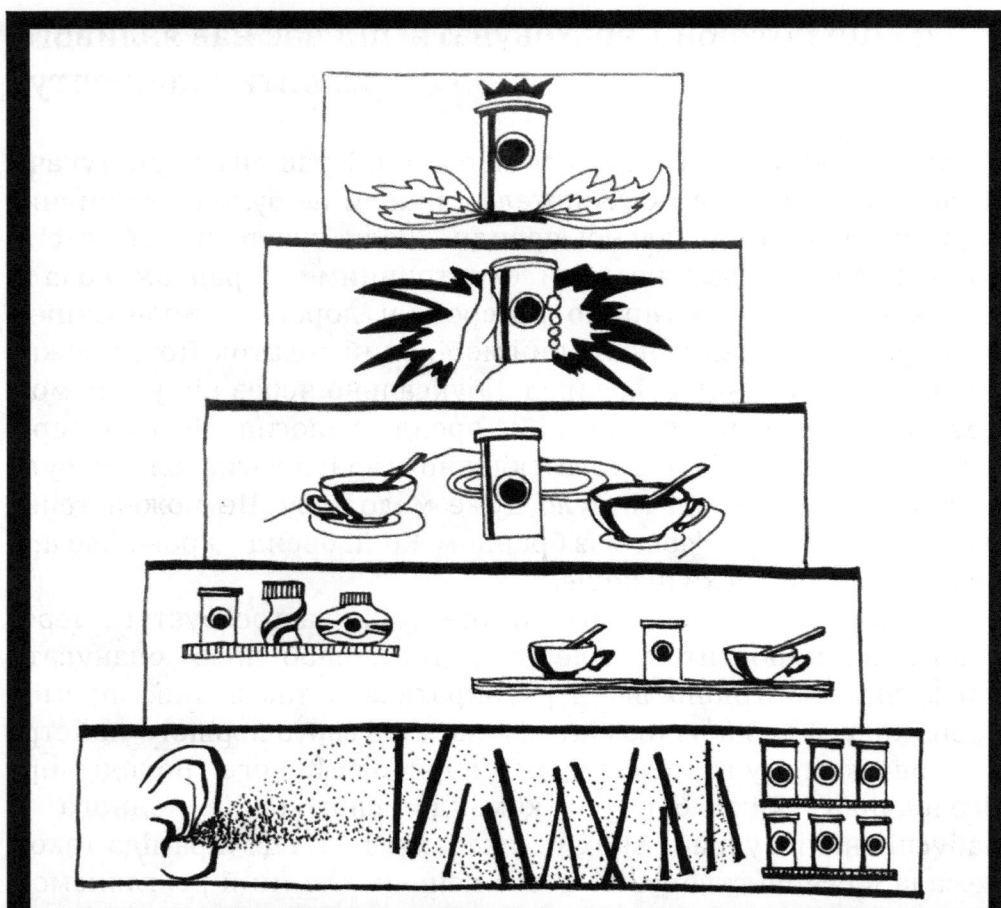

РІВЕНЬ	РЕАКЦІЯ ЛЮДИНИ	РАКТУВАННЯ
1. Я чув ім'я. Знаю, що таке є.	Поняття не маю, що це, але десь чув назву…	Це перше знайомство з брендом. Людина просто чула назву, але не звертала уваги. Продукт її не дуже цікавить.
2. Я знаю, що це таке.	Так, я знаю, що це бренд кави. Чув і, можливо, навіть кілька разів пробував	Людина ознайомлена з діяльністю бренду або навіть, можливо, уже

	у друзів. Але не впевнений, що це була саме ця кава. Каву я лише зрідка п'ю, але якщо друзі пригощають, то можу випити.	потрапила в цільову аудиторію бренду, але сам бренд не зацікавив її настільки, щоб перейти на інший рівень. Просто цей бренд – один з безлічі варіантів.
3. Я цим користуюся .	Безперечно. Я регулярно п'ю каву. Однак мені не важливо, який бренд - кава і кава. Напій мені чудово допомагає збадьоритися.	Тут людина вже добре знайома з брендом. Але він все ще не є для неї основоположним, улюбленим і тим, що на першому місці.
4. Це одне з кращих.	Ну, якщо вже й пити розчинну каву, то лише Jacobs чи Nescafe.	З уподобаннями людини на цьому рівні все зрозуміло. Вона вже бачить для себе чіткі переваги цього бренду й знає, чому вибирає саме його. Він не буде використовувати всі підряд бренди цього типу та вважає цей бренд одним з кращих.
5. Я і бренд — однієї крові.	Та я горло гризтиму за Jacobs. Це найофігенніша кава у світі. І навіть не намагайтеся мені довести, що є краща кава.	Людина до останнього відстоюватиме свої уподобання і навіть гнобитиме конкурентів, якщо знадобиться.

П'ятий рівень недосяжний без випадковості чи, як виявилося , концептолог її

Як свідчить практика, маркетологи неспроможні досягти цього рівня спеціально. На сьогодні немає інструментів, щоб спрогнозувати шляхи повної ідентифікації себе з брендом, і однозначно підштовхнути людину, щоб вона жорстко відстоювала свої позиції з приводу одного конкретного бренду. На це не впливає ні реклама, ні креативи, ні презентації загалом.

А ось концептологія — саме той новий інструмент, який здатний спрогнозувати залучення величезної аудиторії майже одразу на п'ятий рівень. Причому найчастіше навіть не проходити перші три чи навіть чотири етапи. Адже за допомогою тих дій та інновацій, які ми пропонуємо користувачам, рано чи пізно неминуче станеться кохання з брендом.

Нам потрібно знати цю піраміду назубок, тому що, працюючи з інноваціями, ми зможемо визначити, який саме рівень налаштовуватимемо в процесі написання тієї чи іншої стратегії в брифі.

Будь-яка інновація направляє користувачів концепту на найвищі рівні піраміди. Вона спрямована на те, щоб впливати на людей та їхнє сприйняття концепту. Саме для цього ми не тільки розуміємося на витоках різних концептів, але й на механізмах реалізації з розвитку та поліпшення.

Як бачите, ми ще багато практикуємося. По суті, у вас в руках такий інструмент, який допомагає змінювати докорінно ставлення до брендів, продуктів і навіть людей. Якщо в цьому, звісно, є потреба.

Проаналізуйте ваш концепт через нав'язливий розвиток

На якому рівні піраміди зараз знаходиться бренд?

_____

Що звичайне в його основному концепті?

_____

_____

_____

_____

Як його можна зробити незвичайним?

_____

_____

_____

_____

§5.7 Через руйнування

Ця інновація найскладніша. Особливо для виконання. Суть і фішка її в тому, щоб змусити концепт еволюціонувати через повне руйнування його попередньої форми. Іноді клієнт просто не хоче розуміти і приймати те, що якийсь конкретний концепт більше не працює. А особливо, якщо цей концепт уже довгий час використовується його професійною нішею. Хоча кожен концепт згодом помирає. Наше завдання –

замінити для нашого клієнта цей концепт так, щоб він не помітив цього або навіть сам брав участь у його заміні. А іноді й так, щоб він далі думав, ніби він працює з тим самим концептом. Адже нам заплатили гроші за ефективність, а як цієї ефективності досягти, це вже на наших плечах.

Кожен концепт – це, по суті, система поглядів, система перероджень з одного стану в інший. І ця система працює доти, поки стає неефективною. Тоді ми починаємо шукати нові рішення для проблеми, намагаючись поліпшити колишній стан цього концепту. І в такому випадку ми вдаємося до інновацій, які є єдиним рішенням для привнесення ефективності в старий концепт.

Так як концепт завжди в русі, він починає накопичувати зайвий досвід, який в основному не використовується і стає ще більш неефективним. Насамкінець, працездатне рішення стає недієздатним, і починається шлях руйнування. Чим сильніше руйнування, тим більше перевіряється на міцність той чи інший елемент фундаменту. Але коли цей «прекрасний» процес руйнування закінчено, починається зліт.

Що варто сказати клієнту, який досі замовляє статті в новинних паперових газетах, рекламує свій заклад за допомогою наклейок на паркані, дзвонить з домашнього телефона, відповідає клієнтам поштою, продає відеоуроки на дисках, упаковує продукцію в пластикові пакети, боїться рекламувати свою продукцію через людей з іншим кольором шкіри... Та й взагалі бізнесменові, що відстав від сучасного ритму?

А ось що: «Не обов'язково чекати природного руйнування концепту. Якщо певний бізнес або організація вирішує важливу проблему, досвід, що накопичується, повинен оброблятися регулярно. А якщо він довгий час не оброблявся, на ринку з'являються інші гравці, які оброблюють і свій досвід, і чужий досвід. А потім виходять на ринок із цікавішими рішеннями, ніж у вас. І тоді вигоду від вирішення проблеми отримуватиме хтось інший.

Тому ми можемо не тільки дотримуватися тенденцій ринку, але й вдатися до саморуйнування цього концепту доти, поки його руйнація не відбулася сама собою, без вашої участі. І замість того, щоб підлаштовуватися під запити ринку, ми можемо вже сьогодні передбачити, чи буде зруйновано концепт у найближчому майбутньому. А якщо ні, то як він може бути видозмінений. І це потрібно зробити до того, поки його не почали передбачати інші!»

Інновація через повну руйнацію поточного концепту відбувається органічно. Це вимагає часу, це диктує епоха й це логічний ступінь еволюції цього концепту. Він руйнується сам собою. Але іноді цей органічний процес затягується на надто довгий час. Допустимо, як книга. Тоді необхідно таке руйнування стимулювати.

Так, досвідчений концептолог може припустити кілька варіантів розвитку концепту. У тому числі багато інших інновацій. Але коли він бачить, що єдиним розумним виходом буде руйнація старої форми – так тому й бути.

Який це має вигляд на прикладі?

Коли весь світ пересувався на конях, дуже важливою була професія того, хто займався «обмундируванням» цих тварин. Тобто людина, яка повністю робила екіпірування коням: сідло, стремена, спеціальні вуздечки та інший асортимент ефективного декору. У той час ця професія дуже цінувалася, і були компанії, що пропонували певні послуги.

Навіть із появою автомобілів компанії з послуг обмундирування коней продовжували працювати. Але одні закривалися, інші — ні. Наприкінці XIX століття машини робили не такими, як зараз. Використовували багато дерева й теж потрібно «екіпірування». Наприклад, ті самі сидіння. Їх робили страшенно незручними та твердими. Компанії, які раніше займалися екіпіруванням коней, почали створювати спеціальні чохли для сидінь, оформлення для важелів, керма, корпусу та салону.

Як говорив Форд: «Треба заробляти не на продажу машин, а на їхньому ремонті». Фактично цього всі й дотримувалися, щодо оформлення авто. Тому розумні хлопці швидко перекваліфікувалися на тих, хто зможе зробити машини всередині й зовні красивішими і, найголовніше, зручнішими. По суті, вони й робили ті самі сідла, але тепер у форматі сидінь для авто, і ті ж гумові упряжки, але у вигляді гальмівних колодок та інших елементів.

Сама машина – це ікона концептуальних інновацій через руйнування. Тут і газові лампи на перших машинах, і електричні на нових, дерев'яні колеса на перших, і шини на наступних. У результаті навіть на візках із кіньми почали встановлювати колеса з шинами. Тут і шторки для шибок замість парасольки в руці. І обприскувачі замість протирання скла вручну. І інше, чим щороку пишаються виробники на виставках техніки.

Перехід з німого кіно в звукове

Пам'ятаєте кумедні старі чорно-білі фільми, де герої смішно рухалися, а потім з'являлися картинки з текстом? До якогось моменту кіно було саме таким. Пізніше з'явився новий формат, коли персонажі почали говорити голосом без розшифрування текстом. Уже не потрібно було робити музичний супровід у кінотеатрі, запрошуючи піаніста на кожен показ фільму. Це не просто покращення концепту природним способом і навіть не колаборація.

Це справжнісінька смерть однієї епохи й початок іншої. Це один із найвдаліших прикладів інновації через руйнування. Це звичка десятиліть. Це втрата одних робочих місць та придбання нових. Це нові емоції в глядача й десятки нових або покращених концептів, які були народжені завдяки цьому рішенню. Власне, що сталося? Пішла епоха німого кіно — і настала епоха фільмів, де герої говорять власними голосами.

Видно не тільки їх емоції, а й чути інтонації, силу звуку та інтенсивність тембру голосу. Атмосферу фільму підтримує музичне та звукове оформлення. І все це тому, що до візуальної плівки з картинками додали плівку, яка здатна записувати й робити звуки. Одне рішення щодо поліпшення концепту зруйнувало десятки й навіть сотні концептів, які успішно функціонували до цього.

Прикладів інновацій через руйнування багато

Така сама інновація через руйнування відбулася і з ігровими автоматами в кав'ярнях та закусочних, коли почали випускати домашні ігрові приставки. До цього люди ходили до спеціальних закладів, щоб постріляти в примітивні «танчики» або позбирати «плоскі фрукти». Причому ці автомати були дійсно великими. Поставити в себе в будинку було не лише дорого, а й у принципі неможливо. А що потім? Хто застав ті часи, згадайте, як кожна дитина, та й дорослий, мріяли стати власником приставки. Вони були готові залишити всі на світі ігрові автомати, щоб сидіти вдома, грати серед друзів і нікуди не виходити. І нічого немає страшного в тому, щоб руйнувати старе та на його базі створювати нове. Це прогрес.

Не завжди руйнування є повним

USB або жорсткий диск, куди можна завантажувати електронні книги, не знищили концепт паперової книги. А портали новин не вбили модні журнали. Навіть YouTube не повністю знищив любов до перегляду новин або навіть улюблених шоу на кухні під готування. А Netflix чи Hulu не відбили бажання відвідувати кінотеатри.

Більше того, фотографія не знищила живопису. Вона його видозмінила, стиснула, мотивувала до експериментів, але не знищила. Концепт живопису зазнав природних інновацій з тієї самої причини, через яку змінюється все. Це мінливість навколишнього світу, тенденцій, смаків, поколінь — усе те, що відбувається з часом. Портрети та сімейні фото раніше малювали на замовлення. Світлина це забрала собі. Раніше малювали пейзажі, натюрморти. Але фотографія і це покращує. Натомість митці тепер роблять те, що не може зробити фото.

Усе це заради таких почуттів, які не здатні викликати світлини. Тобто концепт спрацював і стало краще.

А мальовані портрети перейшли на інший рівень. Тепер це те, що задовольняє наші естетичні та статусні потреби. Наприклад, повісити в себе в будинку власне фото може кожен. Це недорого, та й фото можна зробити на гарний телефон. А ось повісити власний намальований портрет – це зовсім інше. Хоча й це незабаром стане максимально доступним кожній людині.

Через руйнування

Напевно, у майбутньому ми назавжди відмовимося від кави в тому вигляді, у якому вживаємо її зараз. Як мінімум, приготування кави буде кардинально змінене. Але на заміну їй прийдуть кавові стіки або кавові капсули, у яких замість кави буде кавова рідина. Саме вона й уможливить врегулювання кількості кофеїну, а також замість 20 філіжанок з такого самого обсягу кавової рідини ви зможете робити 200 або навіть більше.

Вони будуть зручнішими за форматом, ніж все, що пов'язане з кавою зараз. Але одне можна сказати напевно: концептологи не просто першими дізнаються про інновації, а стануть її авторами. І, можливо, одним із таких експертів станете ви, коли остаточно розберетеся у всіх тонкощах створення концепт-буків та концептології загалом.

Пропрацюйте ваш концепт через руйнування

Що незвичайного трапилося у вашому концепті за останні 10 років?

_____

_____

_____

_____

_____

_____

_____

Що незвичайного трапилося в концепті за останній час?

_____

_____

_____

_____

_____

_____

_____

_____

Як ви можете ще більше розвинути ці поліпшення?

_____

_____

_____

_____

_____

_____

Як можна посилити ці поліпшення до абсурду?

_____

_____

_____

_____

_____

_____

§6

CONSUMER CONCEPTS

Зараз кожному з нас навіть складно уявити, що колись у світі не було багатьох звичних речей. Ложки, кухлі, годинники, рушники, дахи біля будинку, дверей або вікон і навіть доріг. Ми живемо в досить затишних будинках і квартирах, подорожуємо світом автобусами, поїздами, літаками. Купуємо в магазинах упаковану їжу, стильний одяг, м'які простирадла та ковдри. Але ми рідко замислюємося над тим, звідки ж усе з'явилося...

Отже, людям завжди було щось потрібне. Щоб зловити умовного мамонта чи іншу небезпечну здобич, первісні люди витрачали багато ресурсів. Тому жили недовго, помирали у великих кількостях, поверталися з полювання пораненими та хворими й більше не могли приносити користь своєму племені. Бажання вижити й розмножитися змушувало первісні людські мізки думати й народжувати ідеї, які допоможуть буквально у всьому.

Звичайно, спочатку це були дуже примітивні ідеї. Наприклад, люди помітили, що камінь важчий і виносливіший від дерева, і полювати з ним набагато краще. Тому придумали перші знаряддя полювання. Якщо камінь обточити, ним можна легше і швидше вразити здобич. А якщо ще й закріпити камінь на палиці, то можна полювати на безпечнішій відстані.

Первісність – це колиска для появи ідей

І, звичайно, для цих самих споживчих, або, як ми ще називаємо, промислових концептів. Точніше, їх прототипів. Усього того, що зараз ми так любимо, цінуємо й без чого життя не уявляємо. Практично будь-який предмет ужитку сучасної людини бере свій початок у первісності. І народжується винятково з бажання, необхідності та потреби. Наприклад, коли люди вже придумали, чим на ті часи зручніше було б заколоти мамонта, куди збирати трави й коріння, як довше зберігати м'ясо й готувати запаси на зиму, виникла необхідність фіксувати інформацію.

З'явилися перші наскельні малюнки та розписи. Як люди їх робили? Звісно, з підручних засобів. Зауважили, що недогорілі поліна з багаття залишають сліди — спробували малювати вугіллям. Побачили, що, коли натиснути твердим каменем на інший камінь, з'явиться подряпина, почали висікати камінням малюнки. Побачили, що після деяких ягід довго залишаються темні сліди — почали й ними малювати, додаючи різні кольори до малюнків... Чому промислові концепти зароджувалися саме в первісності? Тому що саме тоді людям були потрібні нехитрі пристосування для задоволення своїх базових примітивних потреб.

А далі потрібен був тільки поштовх

Людство зростало та розвивалося. Виникали нові потреби. Час винахідників, промислові революції, великі відкриття і навіть війни - усе це подарувало людству безліч промислових концептів, і щоразу в новому виконанні. Первісне набувало інноваційного вигляду та більш просунутого функціоналу. Палиці-копалки стали перетворюватися на лопати, допомогли з'явитися граблям, вилам, плугам і навіть сучасним комбайнам. Камінь, намотаний на ціпок, перетворився на литу піку. Вона допомогла з'явитися луку зі стрілами, алебарді, арбалету та сучасному АК-47.

Вугілля, якими писали, перетворилися на гусячі пера з чорнильницею, грифельні олівці, кулькові ручки та сучасні 3D-ручки. Адже так можна прослідкувати історію та різні види практично кожного предмета у світі. Розкласти його на складові, функції і зрозуміти всю етимологію предмета, яким ми користуємося.

Надалі це нам знадобиться для того, щоб розбирати концепти, аналізувати й пропонувати нові рішення. Промислові концепти — найпростіші й найзрозуміліші, тому ми починаємо саме з них.

§6.1 Що спільного між лотосом та сучасною парасолькою?

ПАРАСОЛЬ (фр. parasol — букв. «проти сонця») — зонт, призначений для захисту від сонця і виготовлений з легких тканин, паперу та мережив. У XVIII-XIX століттях це був модний аксесуар для прогулянок. Саме парасолею називали перший різновид знайомого нам зонта.

Усе починається з ідеї

Ідея виникає тоді, коли потрібно вирішити якусь проблему чи запит. І парасолька, напевно, найкращий тому приклад. Перші парасольки зовсім не були такими, якими ми звикли їх бачити сьогодні. Ще в печерні часи люди зіткнулися з проблемою: вода падала з неба, а сонце було таким палючим, що від нього сліпли очі. Це заважало людям відстежувати здобич та вчасно розпізнавати ворогів. Потрібно було думати, як позбутися цього болю.

Для захисту спочатку вибирали те, що завжди було під рукою, – велике листя рослин. Воно захищало від променів, але швидко в'яло й втрачало форму.

З дощем узагалі була провальна ідея, тому що листя не витримувало напору води й рвалося в непідхожий момент. Пізніше люди дійшли думки, що листя можна висушувати, з'єднувати між собою і робити щось схоже на сучасні тенти. Але такі конструкції не вирішували проблему повністю.

Вони були надто громіздкими й зовсім не мобільними. Це були лише перші спроби людства боротися з дощем і сонцем. Використовувалося все, що могло хоч на якийсь час допомогти. І це задовго до винаходу тканин.

До речі, у легендах народів Сходу є хороші згадки про перші «парасольки»

4000 років тому підліток із великим листком латаття на голові йшов під дощем. Краплі скочувалися по листку, і людина не мокла.

Понад 3000 років тому китайський полководець узяв солдатів на бій. Було дуже спекотно. Проходячи повз гарний ставок з лататтям, солдати зривали велике листя, щоб сховатись під ним від палючого сонця.

Людство «розросталося», а проблема не зникала

Батьківщиною парасольки багато вчених вважають Єгипет, Китай та Індію. Надалі цей предмет зі Сходу потрапив у Стародавню Грецію. Крім того, парасольки завжди були символом влади. У Китаї та Єгипті їх мали лише імператори, фараони та їхні родичі. І ці парасольки були величезними — висотою 1,5 метра та масою близько 2 кг. Вони захищали лише від сонця. Уже тоді над парасольками ретельно працювали. Щоб виготовити полотно, брали папір, який просочували спеціальними речовинами. Спиці робили з бамбуку й очерету, а каркас — з пташиного пір'я або листя пальм. А ось перші згадки про парасольку в знайомому для нас вигляді ми знаходимо в X–XI століттях. А були вони винятково в багатіїв. У той час у моді була блідість, адже вважалося, що раз людина бліда — вона не працює на сонці. Тяжка фізична праця в полях — це для бідняків та робітників.

Як парасольки потрапили в Європу

У XIV столітті парасольки з Китаю дісталися і до Європи. Особливо полюбилися вони жінкам Франції та Голландії. Парасолі були витонченими та елегантними, їх робили з мережива та тонких тканин. І носити їх над леді вважалося особливою честю для слуг. Француженки хизувалися своїми різноманітними парасольками, брали їх на прогулянки, красувалися, у кого парасолька краща. І чим багатша була сім'я, тим більше парасольок було в жінок.

Цікаво, що навіть королева Марія Антуанетта мала свій арсенал парасольок. А в палаці навіть постала нова посада — «почесний носій парасольки». У парижан були спеціальні служби, куди можна було звернутися, щоби вас супроводжували додому під парасолькою в сонячну погоду.

До травня 1715 парасолька від сонця була цільною конструкцією з каркасу (вагою близько 4 кг) і натягнутої тканини. Але в травні 1715-го року все змінилося. Паризькі умільці змайстрували складну парасольку.

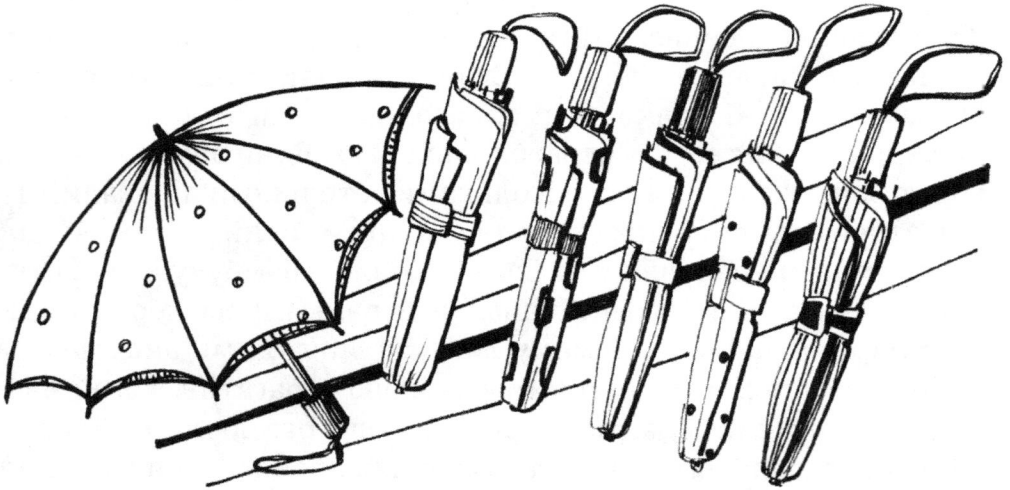

Носити аксесуар стало зручніше, він полегшав, але, як і раніше, не захищав від дощу.

Народження складної парасольки

1852 року Джон Гедже розповів світові про парасольки, які можуть складатися і відкриватися самі. Тепер це вже не цілісна й негнучка конструкція. Цей винахід викликав фурор, адже парасолька, яку можна скласти, займає набагато менше місця.

Багато хто тоді зрозумів, що парасольку можна використовувати не тільки як гарний аксесуар від сонця, але і як практичну річ, функція якої – захистити від дощу. Прорив стався в 20-х роках XX століття завдяки німцю Гансу Хаупту. Він придумав першу телескопічну складну парасольку й заснував у Берліні компанію Knirps. Ось хто розпочав справжню революцію.

У 50-х роках парасольки перестали бути модним аксесуаром. Вони почали виконувати лише практичну функцію – захищати від дощу. До того ж у 60-х роках у виробництво впровадили нейлонові тканини. І це дозволило робити парасольки різних кольорів та з різними малюнками. Також вони були більш міцними й непогано захищали від крапель.

XXI сторіччя — час нових розробок

Щороку винахідники намагаються зробити парасольки ще кращими та функціональнішими. У США вигадали парасольку з вбудованим приймачем, який пов'язаний з метеостанцією. Якщо очікується дощ, то на ручці загоряється лампочка. І чим вона яскравіша, тим сильнішими будуть опади. А ось Токійський університет готується представити світові інтернет-парасольку, яка буде забезпечена супутниковою системою з бездротовим інтернетом. Парасольку можна використовувати як екран. Під час прогулянки під дощем дивитись улюблений серіал чи читати корисні статті.

Якщо розібрати сучасну парасольку, ми побачимо, що вона схожа функціоналом на своїх попередників. І розвивалася (еволюціонувала) від звичайного великого листка або гілки пальми до компактного аксесуара таким чином, щоб задовольняти потреби свого часу. А тепер давайте перейдемо до форми, де проаналізуємо цей концепт за всіма параметрами, яким ви вже навчились у цій книзі. Підготуйте ручки та блокноти чи ноутбуки для того, щоб паралельно зі мною заповнювати концепт-буки для різних концептів.

Стислий опис проєкту

Щоб хоч якось захиститися від дощу, перші люди користувалися величезним листям, яке можна було носити над собою та на собі. Це були прообрази парасольок. За часів перших цивілізацій просто звичайний лопух трансформувався в тент, натягнутий на кілька палиць.

Але завдання такої парасольки – не оберігати від дощу. Вона укривала від сонця, створюючи тінь, і була виконана з тканини чи паперу, інколи ж навіть з металу. Найчастіше такі парасольки були у вельмож. А якщо парасолька була з металу, то доводилося навіть наймати кілька людей, щоб нести таку парасольку над паном — такими вони були громіздкими. Утім, пізніше люди додумалися до того, щоби зробити їх меншими. Використовували парасольки насамперед для захисту від сонця не тільки в часи перших цивілізацій, а й пізніше.

За часів Античності й аж до Середньовіччя парасолька була винятково жіночим аксесуаром. Довгий час парасольки не складалися і так само захищали тільки від сонця. Але потім люди вигадали їх ще й від дощу. Це дало поштовх до того, щоб тканину зробити міцнішою, а основу парасольки — стійкішою до пошкоджень.

З'явилися різні тканини для парасольок, придумали складні парасольки, повністю прозорі парасольки, кутюрні парасольки, довгі, короткі, у вигляді палиці тощо. Зараз навіть є прототип парасольки, який має щось типу вбудованого монітора. І доки гуляєш під дощем, можна дивитися новини чи читати.

Усний вияв

Це річ, яка захищає нас від негоди. Наприклад, спеки чи дощу. Не обов'язково на паличці, не обов'язково з тканиною. Усний прояв концепту парасольки в тому, щоб захищати нас від негоди чи небажаних впливів. І ще усний прояв парасольки – декоративний. Також, щоб заломлювати світло чи робити його м'якшим. Плюс як інструмент, який можуть використовувати жонглери. І це далеко не межа.

Фактичний вияв

Говоримо про те, що ми маємо зараз. Це тканина, натягнута на пруті, і вся ця конструкція теж на палиці. Або шапочка, де теж є пруті. Або парасольки, що є на пляжах, у закладах. Парасольки, які використовують фотографи для своєї роботи. У цирку парасольки використовують як інструменти для жонглювання. Навіть є парасольки коктейльні. Усе це фактичні форми прояву такого концепту. І це лише приклади. Ви можете додати свої міркування.

Ми поговорили про коротку історію і проаналізували те, що було. Саме час пофантазувати на тему того, що буде та що є. Авторський аналіз – це завжди про потреби. Усе, що ми можемо придумати та нафантазувати, усе одно так чи інакше виходить із того, що людям потрібно.

- Наприклад, у Японії існує ціла культура обміну парасольками. У містах є стійки, де кожен охочий може взяти собі парасольку, якщо забув свою. А потім залишити в такій же стійці. Своєрідний, зручний амбрелла-шерінг. Людям не хочеться тягати парасольки з собою. Та й для чого, якщо є така зручна опція.

- Є парасольки, які часто можна побачити просто на головах людей. Такий собі симбіоз парасольки та капелюха. Зручно та весело.

- Що ще може бути? Наприклад, на ринку досить убога кольорова палітра парасольок. Отже, добре б запустити у виробництво парасольку 10 відтінків. Зараз дуже популярні нюдові відтінки, то чому б не зробити стильну парасольку з 20-ти нюдових відтінків?

- Раніше парасолька захищала нас тільки від дощу та сонця. А що, якщо в майбутньому вона захищатиме й від іншої негоди? Наприклад, надмірна волога або пориви вітру. Прийде глобальне потепління, чому б цьому не стати новим трендом? Погода щось веде себе точно не так, як 50 років тому.

Тепер ми точно можемо сказати, що парасолька більше не повинна виглядати як парасолька. Вона може бути куполом, який накриває людину чи групу людей. Тунелем, де всередині комфортний клімат, а зовні дощ. Це може бути портативний екран з тонкого волокна, який транслює відео з ютубу, музику або улюблені фільми.

Вразливі місця концепту

Власне, все те, що нам не подобається в концепті. Те, що потім дасть поштовх до його покращення. Що нам не подобається у парасольці? **Чому люди не користуються парасольками?** Що зупиняє перед покупкою парасольки?

1. Те, що вона має саме таку форму.
2. Обмеження в кольорах.
3. Те, що вона займає багато місця.
4. Сама назва «парасоля».
5. Парасоля не складається.
6. Вона прищеплює пальці, коли її складаєш/розкладаєш.
7. Ламається і вигинається в інший бік.
8. Парасоля виривається з рук та летить.
9. Людині важко постійно носити за собою парасолю, вона займає багато місця в сумці.
10. Не зовсім захищає від дощу.
11. Коли складаєш парасолю — з неї спадають краплі, усе навколо стає вологим.

Дослідження парадигм

Візьмемо різні типи людей, які стикаються з цим концептом та взаємодіють по-різному. І ми намагаємося зрозуміти, як вони дивляться на концепт зі своїх позицій. Спробуємо десь виправдати кожну сторону, десь засудити, десь знайти середнє бачення — нейтральну позицію. **Розділимо кожен тип**

досліджуваного суб'єкта на два пункти: «Хто?» і «Що робить?»

Хто: бізнесмен.

Що робить: шукає, яким чином парасольку можна використовувати з новими функціями, у новому вигляді. Адже потрібно викликати інтерес споживача використовувати цю парасольку якнайчастіше.

Парасолька — річ, яку можна продати за негоди. Отже, шукає можливості реалізувати цей продукт там, де дуже багато сонця або опадів. Можна створити спеціальний додаток, який нагадуватиме людям, що вони забули парасольку, якщо вони відійдуть від неї понад 15 метрів (повідомлення на телефон). А продавати разом із парасолькою.

Хто: споживач.

Що робить: шукає той продукт, який захистить від негоди найкраще. Прослужить довше. Можливо, вона буде шукати продукт, що перетворює сонце на прохолоду або вбирає (або не вбирає) вологу. Шукає такий продукт, який не дратуватиме, підходитиме за стилем, за настроєм, за характером. Неважкий та негроміздкий.

Хто: політики.

Що роблять: думатимуть про те, щоб якнайбільше місць з парасольками було доступно там, де потрібно. Безперечно, зроблять це частиною своєї передвиборчої кампанії, проявивши милосердя і доброту стосовно до свого електорату. Усе для того, щоб люди точно знали, хто їм дав це благо. Який є конкретний політик.

Хто: сучасна дитина.

Що робить: для сучасної дитини парасолька – це не про необхідність сховатися від негоди. Їй і так у радість під дощем стрибати по калюжах.

Це радше про стиль, наслідування, реалізацію. «Бути, як хтось», «наслідувати когось». Це щось цікаве, захоплююче. Наприклад, парасолька, як у Мері Поппінс, щоб на ній можна було полетіти за пригодами. Поплавати в калюжах, чому б і ні?

Беремо суміжні концепти й поєднуємо.
Парасолька. Смарт-годинник. Космос. Парк.

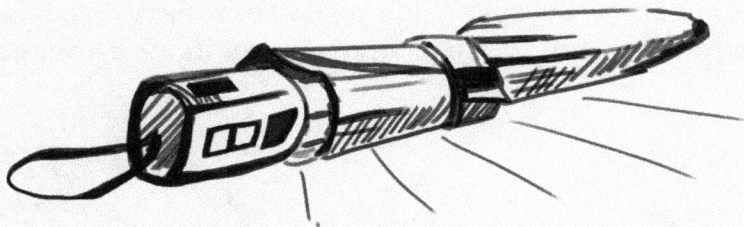

Парасолька й смарт-годинник

Можна вбудувати в парасольку голосовий помічник. Зробити циферблат із тачпадом. Усе це помістити в ручку парасольки. Вбудувати можливість програвати різну музику під час прогулянки під дощем.

Парасолька й парк

Перетворити парасольку на величезний прозорий тунель, по якому можна ходити й милуватися потічками з крапель. Щоб цей тунель захищав усіх людей від вологи чи прямого влучення сонця. А всередині – клімат-контроль.

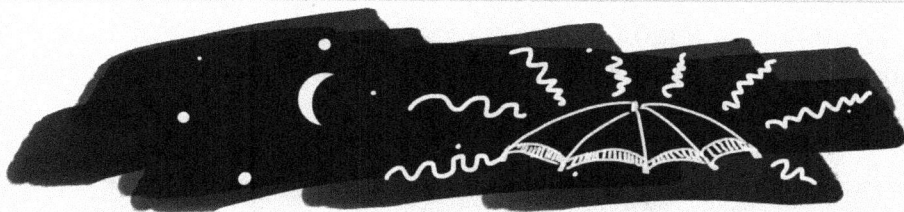

Парасолька й Космос

Парасолька, яка може розпізнавати зіркову карту та демонструвати зоряне небо на її внутрішньому екрані. Навіть удень.

Припустимо, одного разу хтось зняв документальний фільм про те, як якийсь картель переправляє наркотики, сховавши їх у рукоятках парасольок (або в інших частинах). У цьому фільмі докладно показано, як відбувався сам процес, куди їх ховали, як багато негативу та лиха це принесло.

Як страждали ті, хто ці парасольки переправляв та знав, що там. Як одного разу сталося так, що вони потрапили до простих парасольок для продажу, їх переплутали, і багато громадян навіть не підозрювали, що носять із собою наркотики в дощову погоду. А потім представники картелю відшукували всіма правдами й неправдами ці парасольки, іноді їм вдавалося зробити все по-тихому, але іноді були й жертви. Люди страшилися купувати парасольки, побоюючись, що там можуть бути наркотики. Але потім компанія з виробництва парасольок провела розслідування та зняла свій спростувальний фільм.

Вони з'ясували, що насправді нічого такого не траплялося. Це був задум одного режисера, який хотів залучити громадськість до проблеми наркотиків у світі. Перформанс, що вийшов за межі. Але режисерові це принесло славу. Хоча йому довелося відповісти за дезінформацію та допомогти відновити чесне ім'я виробників парасольок.

Після цього народ, навпаки, захотів усе більше купувати такі парасольки. Адже це робить людей причетними до історії та трішки знаменитими.

Через зворотни й булінг

Ми розглядаємо дві аудиторії, які булять одна одну. Вони затято відстоюють кожна свою позицію, які діаметрально протилежні. Ми могли б говорити про тих, хто ненавидить загалом використання парасольок, і про тих, хто без парасольок жити не може. Або про тих, хто захищається від дощу за допомогою парасольки, і тих, хто використовує для цього дощовик.

Аргумент и любител ів парасольок	Аргумент и любител ів дощовик і в
Парасолька – це стильно й красиво, а не так вбого, як дощовик.	Дощовик — це компактно й не займає багато місця. Він не важкий, на відміну від громіздкої парасольки.
У світі багато парасольок різних форм і кольорів, тоді як дощовики завжди одноманітні.	Дизайнери давно створюють стильні та кльові дощовики.
Уже придумали парасольку, у якій є вбудований екран для трансляції різних відео.	У дощовику є спеціальні отвори з вологозахистом для того, щоб носити свій улюблений гаджет.
Парасолька може набувати різних форм у майбутньому, а дощовик залишається завжди однаковим.	Дощовик можна трансформувати в елемент гардеробу, а парасолька завжди буде аксесуаром.

Можна знайти любителів парасольок-палиць і тих, кому подобаються короткі складні. Одні доводитимуть, що палиця – це стильно, зручно, елегантно, комфортно. Інші — дивитимуться на них, як на дурників, і доводитимуть зворотне. Переконуватимуть у тому, що тільки в коротких складних парасольок можуть бути суттєві переваги.

Наприклад, вони компактні та легкі. Або ж одні носять її як данину традиції, а інші просто хочуть, щоб вона не займала руки або взагалі літала над головою.

Суть у тому, що ви неприродно створюєте природний привід для булінгу. А потім самі ж і показуєте, що й той, і інший бік мають рацію. Так ви закохуватимете у свій бренд і «вживатиметеся в кров» споживача.

Через ефект дива

Основний тригер – звернення до внутрішньої дитини. Тобто, працюючи з ефектом дива, ми зачіпаємо струнки, що викликають дитяче щире захоплення. Зробити те, що викликає таке захоплення, яке може створити справжня магія. Отже, парасолька. Спочатку ми шукаємо те, що нас у ній дратує, але ми до цього давно звикли.

Головне питання	Подразники
Що нас дратує, але ми до цього звикли?	- Те, що парасольку можна носити лише за паличку. - Те, що навіть з найкращою парасолькою ноги все одно в бризках. - Те, що всі парасольки в

	основному похмурих відтінків.
	- Те, що парасолька займає багато місця.
	- Те, що парасольку забуваєш.
	- Те, що одна рука постійно зайнята.
	- Якщо це парасолька від сонця, вона не закриває тебе від усіх променів, і ти згораєш.

Що ж ми можемо такого зробити дивовижного?

1. Створити парасольку-рюкзак, яку не потрібно носити в руках. Просто з самого рюкзака діставатиметься парасолька, і ніби натягуватиметься тент над головою..

2. Створити парасольку, яка змінюватиме кольори залежно від налаштувань.

3. Оформити передплату на парасольку або разову страховку. І якщо ти втратив або забув парасольку, компанія тобі надсилає нову або дає хорошу знижку на покупку наступної.

4. Зробити парасольку, яка рухатиметься за сонцем і захищатиме (такий «ефект соняшника») від променів. Або переробляти промені та видозмінювати їх на корисні.

5. Можна разом із парасолькою продавати браслет, який завжди нагадуватиме, що ви залишили парасольку

Отже, ми знаємо, що попереду на нас чекає щось таке, що точно вразить репутацію нашого бренду/концепту. Ми знаємо про це, і наше завдання – зробити щось, що нівелює удар від майбутньої події. Де точка конфлікту для парасольки? Наприклад, коли ми створюємо зовсім інноваційну парасольку, багато хто скаже, що вона й на парасольку не схожа. Нова не несе в собі її основні характеристики, а значить і парасолькою її звати не можна.

Щоб покращити репутацію, треба знати, які ж у нас є плюси зараз

Які є плюси в концепту вже зараз	Як їх застосовувати тоді, коли нанесли удар по репутації
Захист від дощу та сонця.	Будь-яке нововведення буде виконувати цю функцію і робити її кращою. Наприклад, клімат-контроль усередині купола. Він же не тільки захищає нас від дощу, але й створює комфортні умови всередині.
Імідж.	Це те, що можна перетягнути з собою в будь-який концепт. Досить зробити інновацію такою, яку хотітимуть собі всі.

Але є один лайфхак: ми можемо йти й не від руйнування своєї репутації. Для того щоб поліпшити репутацію свого концепту, можна використовувати хорошу репутацію іншого концепту.

Ми можемо зіграти на тому, що інший концепт робив це раніше, але ми зробили це крутішим. Наприклад, показати, що парасолька не завжди мала такий вигляд, як зараз, а значить і в майбутньому вона цілком може змінитися. Наприклад, раніше вона взагалі була лопухом, а потім величезним залізним тентом, зараз ось вона на паличці, а далі вона цілком може стати й чимось таким, що літає над головою. І це НОРМАЛЬНО. І це ЗАКОНОМІРНО. Так само колись телефон з кнопками перетворився на сенсорний.

Через колаборацію

Ми створюємо симбіоз концепту з іншим концептом, покращуючи його функціонал, але не змінюючи щось категорично. Наприклад, створити парасольку, яку зроблено лише для дитини, яку носять у слінгу та колаборувати з виробниками слінгів.

Сколаборувати парасольку й рюкзак і створити таку парасольку, яка вибиратиметься з рюкзака й займатиме в ньому трохи місця. Колаборувати парасольку та екопроєкти. Наприклад, створювати парасольку з екоматеріалів, які поглинають сонячну енергію і перетворюють її на безпечну. Або зберігають її і потім можуть заряджати дрібні гаджети.

Таких колаборацій може бути багато. Це навіть може бути колаборація однієї парасольки з іншою. Наприклад, складної і у формі палиці. Можна створити таку парасольку, яка буде у вигляді палиці, але за бажання її легко можна скласти й сховати в сумку. Водночас якість палиці не гірша, ніж у тих, де вона цілісна й не складається.

Бачимо, що є хтось, хто використовує концепт крутіший за нас або такий самий, як ми. Ми беремо все, що знаємо про концепт, і покращуємо, і розвиваємо це комплексно. Це парасолька, яка вже не схожа на ту свою першу форму. Спочатку ми його покращуємо до абсурду. Наприклад, це можуть бути парасольки над цілими містами. Вони покриватимуть міста в той момент, коли йтиме дощ.

А ще це можуть бути такі смарт-кари у вигляді прозорих невеликих куль, які захищають тебе від дощу, покриваючи своєрідною плівкою з невеликим простором. Там є зручне крісло та всередині клімат-контроль. Більше не потрібно турбуватися про те, що ти забув парасольку дома. По всьому місту будуть їхні стоянки, і завжди можна буде орендувати собі один, щоб дістатися місця. А ще це може бути парасолька у вигляді спрею, який ти розпорошуєш на себе, і він покриває тебе тонкою плівкою, яка відштовхує краплі, але водночас тобі не стає дискомфортно.

Насправді це лише зразок розбору одного концепту. Я впевнений, що навіть у процесі прочитання у вас виникали свої ідеї, і ви їх десь записали.

А якщо ні — терміново це зробіть, доки думка не загубилася. Тому що в цьому одне з найголовніших завдань концептології щодо її експертів. Запустити механізми в мозку таким чином, щоб вони могли генерувати нове. Адже часто нове – це сукупність того, про що ми вже знаємо і що вміємо. Тільки тепер ми дивимося на цю сукупність під зовсім іншим, навіть несподіваним кутом. І результат виходить приголомшливим.

§6.2 Прогулянки над багном і по подіуму? Винахід підборів

Підбор – дерев'яна, шкіряна тощо набійка на підошві взуття. Також деталь взуття у вигляді вертикальної підставки, що піднімає п'яту вище рівня носіння. Підбор на взутті з'явився в пізньому Середньовіччі.

Тюркське *Kabluk* – походить від араб. *kab* – «п'ята, п'ятка».

Англійське *Heel* – походить від давньоанглійського *hēla*; споріднене до давньонорвезького *hæll*, давньофризького *hêl*. У значенні «закруглена задня частина стопи».

Іспанське *Tacón* – частина підошви взуття, що прикриває п'яту. *Tacón* походить від того ж німецького кореня, котрий дав слово *Таса*; використовувався в гірничодобувній промисловості («пластина тигля кузні») і в сенсі «частина предмета з кольором, відмінним від загального».

Першими «модниками» були землероби?

Зараз ми звикли бачити жінок у туфлях на височенних шпильках і чоловіків у строгих туфлях на невеликому підборі. А якщо це не просто данина традиції — коріння появи підборів набагато глибше, а сама історія їх виникнення спричинена зовсім не модними трендами, а досить прозаїчною необхідністю? Давайте розберемося, звідки ж, власне, з'явилася ідея носити взуття на підборах, і навіщо це було потрібно?

У давнину взуття було дорогим задоволенням, наприклад, в Єгипті його робили з папірусу й носити могли тільки фараон і ті, кому він надавав честь. Не дивно, що й ціна такого взуття була королівською. Геродот писав, що на одну пару фараонових сандаль міг піти бюджет середнього міста, отриманий протягом року. Але перший прототип підбора в Єгипті виник зовсім не у фараонів, а у звичайних працівників, які працювали на землі. Щоб їм було зручніше ходити по пухкій поверхні, і створювався упор, землероби спорудили щось схоже на сучасний підбор і кріпили його до ніг. А ще до подібного способу вдавалися м'ясники, щоб височіти над підлогою і не тупцювати в крові та відходах тварин. У той же час на Сході взуття «на підборах» носили переважно у лазні! Все для того, щоб гаряча підлога не обпалювала ступні, адже температура кам'яної поверхні була дуже високою.

Театральна мода та її послідовники

У Греції підбори носили до театрів. Але не ті, хто приходив подивитися на виступи й покрасуватися вбраннями, а самі актори. Граючи давньогрецьких богів, актори обов'язково одягали взуття на підборах. Уважалося, що боги завжди повинні бути вищими за простих смертних — «парити в повітрі», височіючи над іншими. Тому акторам і доводилося вдаватися до таких хитрощів.

Цю ідею перейняли грецькі куртизанки, щоправда, на свій лад. Уважається, що саме вони вигадали перші прототипи підбора-шпильки. Вони просили шевців підбивати взуття цвяхами, щоб залишати ледь помітний слід, який ніби казав: «Іди за мною». У японських театрах чоловіки теж носили взуття на підборах, спочатку це було доступно лише акторам, а потім і вельможі перейняли таку манеру.

До речі, японські гейші теж носили взуття на підборах - для того, щоб уберегти й не забруднити в багнюці свої розкішні юката та кімоно. А ось венеціанські жінки XV століття носили великі платформи (іноді понад 20 см висоти). Їх називали цоколі (або копитця), бо коли в них ішли, можна було почути звук «цок-цок».

А в Європі все по-своєму: неприємність, яка підштовхнула до винаходу підборів

Є такий неприємний факт у європейській історії та архітектурі, як відсутність продуманої каналізаційної системи. У містах буквально не було куди діти нечистоти, і вулиці просто тонули в них. Навіть королі так часто переїжджали зі своїх замків саме через нечистоти. Щоб жителі міст могли ходити нормально й не бруднитися в багнюці, придумали взуття на підборах — сабо. Вони були схожі на звичайні підошви з дерева, до яких прилаштовували ремені зі шкіри. І носили їх поверх звичайного взуття.

На те, що взуття з підборами почало поширюватися, вплинуло й військове нововведення. Ця історія бере свій початок із часів бароко. У той час подібне взуття носили наїзники: подібність підбора допомагала триматися ногам у стремені і не вислизати. А через те, що піхотинцям доводилося ходити далеко й довго, їм потрібне було особливе взуття.

Так і з'явилися якісні чоботи від майстрів, які виготовляли їх на дуже товстій підошві й прилаштовували підбори. До речі, взуття тих часів було зовсім незручним. Наприклад, тому що про зручність не думали й шили тоді так, що правої та лівої ноги ніхто не відрізняв.

Біда комплексів знаті та королів

I все-таки саме жінці спало на думку показати, що підбори можна використовувати й у естетичних цілях. Катерина Медичі, королева Франції, на вінчання нарядилася в туфлі на підборах 5 см. Її ідея так сподобалася жінкам при дворі, що вже через якийсь час весь світ носив такі туфлі.

А ось Марія Тюдор була жінкою зарозумілою і не хотіла бути на одному рівні з ким би там не було. Саме для неї вигадали каблук у вигляді конуса, який схожий на той, що вже звикли бачити ми.

Людовік XVI теж комплексував через зріст. Цей комплекс монарха дав поштовх розвитку взуття на підборах. Але міри король не знав, і в його колекції можна було знайти туфлі з каблуком до 60 сантиметрів.

Грубий підбор був до винаходу панчіх

У XVII столітті з'явилася мода на трикотажні панчохи, що спричинило цілий бум на взуття, що нагадує сучасні туфлі. 1680 був для жінок дуже складним. Адже модно було носити туфлі на супервисокому та тонкому підборі. I ходити в такому взутті було можливо, тільки спираючись на палицю. Чоловіки теж не хотіли відставати, і мода на підбори захопила всіх, аж до того, що царі особисто затверджували висоту підборів за станами.

Високі — для знаті.
Низькі — для всіх інших.
Червоні — щоб відрізняти дворянство.

Підбори . Революції . XX століття . Шпилька

Революція 1789 у Франції відібрала у жінок підбори майже на 50 років. Туфлі того часу більше походили на балетки, тому що тоді Європа хотіла простого життя і відмовлялася від складнощів у вбраннях. До того ж підбори тоді вважалися шкідливими для здоров'я, бо їхня форма була незручною і викривляла стопу. А ось XX століття було просто раєм для взуттьовиків. За цей час було придумано стільки фасонів та видів взуття, як ніколи раніше. Натуральний каучук допоміг зробити підошви водонепроникними, а взуття більш практичним.

У той час як для виробництва взуття використовували нові матеріали (метал, пластик, каучук та інше), взуттєвики придумали шпильку. Завдяки алюмінію та методу інжекційного формування можна було спаяти металеву основу та пластик. І це подарувало світові взуття на підборах-шпильках. Такі туфлі спочатку називали стилетами — через схожість із загостреним тонким кинджалом. Перші «стилети» виготовили в Італії, на початку 50-х років XX століття. І з того моменту це взуття міцно пробралося в колекції світових дизайнерів. У 1953 р. Роже Вів'єр створив красиві туфельки на підборах з дорогоцінним камінням. Це робили для коронації англійської принцеси. Саме ця модель викликала «бум» та зміцнила позиції «шпильки».

Особливості підборів у контексті танцювального життя

На окрему увагу заслуговує взуття для латино-американських та бальних танців. Воно завжди на підборах. Але якщо уважно придивитися, підбори відрізняються. І тут є низка нюансів. Танцювальні підбори можуть здатися не найсимпатичнішими, але тут справа не в красі, а у зручності.

Форму й розташування підборів розробляють у спеціальних дослідницьких інститутах. Кожна нова модель проходить щось на зразок «випробувань у полях». І роблять це танцювальні пари та якась комісія, у якій і дистриб'ютори, і тренери, і самі танцюристи. Форма таких підборів різна.

Кубинський підбор –
доволі широкий і скошений до низу.

Латинський підбор –
просто широкий без скошених країв.

Блок-підбор –
широкий прямокутної форми. Дуже стійкий.

Підбор-кльош –
буває різної висоти й товщини. Він широкий біля основи й злегка звужений до низу.

Це невеликий перелік основних форм танцювальних підборів. Головне правило – вони повинні бути суперстійкими, навіть ті, які вузькі й побічно нагадують шпильку. Найчастіше використовують форму з широкою набійкою - для кращого зчеплення з паркетом і більшого балансу рухів танцівниці. А ось висота каблука може бути різною для всіх форм.

Підбор — простір для дизайнерів

Здорово, що зараз нам уже не потрібно височіти над відходами або чіплятися чимось за поверхню землі, щоб не грузнути в ній. Каблук тепер – історія винятково естетична. Дизайнери дають волю своїй фантазії і вигадують найнесподіваніші й найхитромудріші форми. Є 7 основних форм підбора.

Віденський підбор –

короткий (до 1,5 см), практично непомітний. Часто взуття на таких підборах не вважають «на підборах».

Підбор-цеглина –
має прямокутну форму, висота до 4 см.
Зовні дійсно нагадує цеглину.

Клиновидн ий підбор –
зовні нагадує форму клину, звужується від основи до низу.
Може бути будь-якої висоти.

Ковбойський підбор –

низький квадратний зі скошеною частиною позаду. Найчастіше його можна зустріти в дизайні «козаків» та чобіт з широкою халявою.

Підбор-чарочка –
віддалено нагадує ніжку чарки. Широкий біля основи й плавно звужується до низу. Зазвичай такий підбор не вище 5 см.

Підбор-стовпчик –
досить стійкий. Прямий каблук, який доволі високий (від 5 см).

Шпилька –
чимось нагадує формою або голку, або цвях. Але цей підбор, незважаючи на відносну тонкість (діаметр до 2 см), досить стійкий.

Наборний підбор –
його ще називають листковим. Складається з шарів, які називають фліками (роблять їх з проміжного матеріалу, переважно шкіри або картону).

Фігурний підбор — ну тут слово каже саме за себе. Цей підбор може бути найхимерніших форм: складатися повністю з ромбів, бути схожим на копита тварин, бути однією суцільною фігурою (наприклад, серцем). Найулюбленіша форма підбора дизайнерів.

Підбор-танкетка – теж своєрідне дизайнерське рішення. Є

дві думки, що танкетка – це форма підошви, оскільки вона суцільна та цільна. І друге, що танкетка — це змінений формат підбора, оскільки тут все ж таки запозичена ідея піднесення біля п'яти. Взуття на підборі-танкетці дуже популярне серед тих, хто не може довго носити підбори, але хоче візуально здаватися вищим. Причому дизайнери використовують танкетку часто та густо. Починаючи від кежуал-взуття типу чобіт або босоніжок, закінчуючи спортивним: кедами, кросівками та снікерсами.

Завдання для розвитку звички збирати дані
Подивіться, як виглядає кожен тип підбора в інтернеті та знайдіть їх на наших картинках вище.

У печерні часи люди не одразу почали носити взуття. А тільки тоді, як зрозуміли, що воно потрібне, щоб захистити ноги від гострого каміння. Це було актуальним за тривалих переходів чи на полюванні. Але про жодні підбори тоді не йшлося. Перші прототипи підборів згадуються за часів Стародавнього Єгипту. Тоді взуття було дорогим задоволенням. У Єгипті його робили з папірусу й носили лише фараон і ті, кому він складав шану. Але перший прототип підбора в Єгипті виник зовсім не у фараонів, а у звичайних працівників, які працювали на землі. Щоб їм було зручніше ходити по пухкій поверхні, і створювався упор, землероби зробили щось схоже на сучасний підбор і кріпили його до ніг. До такого способу вдавалися м'ясники, щоб не тупцювати в крові та відходах тварин. У той самий час на Сході взуття «на підборах» носили переважно в... лазні! Усе для того, щоб гаряча підлога не обпалювала ступні, адже температура кам'яної поверхні була дуже гарячою.

А ось у Греції підбори носили в театрах. Коли актори грали давньогрецьких богів, то обов'язково вдягали взуття на підборах. Уважалося, що боги завжди повинні бути вищими за простих смертних — «парити в повітрі», височіючи над іншими. Тому акторам і доводилося йти на такі хитрощі.

У японських театрах чоловіки теж носили взуття на підборах, спочатку це було доступно лише акторам, а потім і вельможі перейняли таку манеру. До речі, японські гейші теж носили взуття на підборах — для того щоб уберегти й не забруднити в багнюці свої розкішні юкати та кімоно.

А ось венеціанські жінки XV століття носили великі платформи (іноді понад 20 см заввишки). Їх називали цоколі (або копитця), тому що, коли в них ішли, можна було почути звук «цок-цок».

У Середньовіччі підбори носили лише з практичних міркувань. Щоб жителі міст могли ходити нормально й не бруднитися в багнюці, придумали взуття на підборах — сабо. Воно було схоже на звичайні підошви з дерева, до яких прилаштовували ремені зі шкіри. І носили їх поверх звичайного взуття. Що цікаво, саме жінці спало на думку показати, що каблук можна використовувати й у естетичних цілях.

Катерина Медичі, королева Франції, на вінчання вбралася в туфлі з каблуком 5 см. Її ідея так сподобалася жінкам при дворі, що вже через якийсь час уся знать носила такі туфлі. Людовік XVI комплексував через зріст. Це дало поштовх розвитку взуття на підборах. Але міри монарх не знав, і в його колекції можна було знайти туфлі з підбором до 60 сантиметрів. Саме так підбори щільно увійшли до нашого життя.

Усне виявлення

Це річ, яка робить людей вищими, допомагає піднятися над поверхнею. Захищає нас від бруду, що лежить на землі. Допомагає нам мати стрункіший вигляд і бути впевненішими в собі. Допомагає танцюристам видавати різні звуки під час танцю.

Фактичне виявлення

Говоримо про те, що ми маємо зараз. Це конкретна річ з пластмаси або поліетилену, або інших матеріалів, яку часто використовують як додаткову складову взуття.

Часто вона не виконує суто практичну функцію, радше декоративну, може бути найрізноманітнішою за формою і виглядати по-різному.

Ми поговорили про коротку історію і проаналізували те, що було. Саме час пофантазувати на тему того, що буде, і що вже є. Авторський аналіз – це завжди про потреби. Усе, що ми можемо тут вигадувати і фантазувати, усе одно так чи інакше виходить з того, що людям потрібно.

- У світі є підбори, які можна знімати та ходити просто на пласкій підошві.
- Є підбори зі спеціальними отворами для того, щоб туди щось складати.
- Є підбори, які допомагають нозі краще триматися за поверхню, ноги не ковзають, люди не падають.
- Існують винятково декоративні підбори, які використовують для того, щоб епатувати публіку на концертах.
- Є каблуки, що оригінально повторюють
- звичайні побутові речі. Яєчня чи башта.

А якщо каблук не виглядатиме як каблук? Яким він може бути? У цілому, коли придумали з'єднати підошву з каблуком і зробити суцільну платформу-танкетку, це вже був крок до того, щоб змінити цей концепт.

Щоб зрозуміти шляхи розвитку концепту, потрібно

вловити основне: яку мету він виконує? У майбутньому підбор цілком може перетворитися на силове поле, яке підніматиме людину над землею на потрібний рівень. Його можна буде регулювати та контролювати.

Вивчення парадигм

Беремо різні типи людей, які стикаються з цим концептом та взаємодіють по-різному. І намагаємося зрозуміти, як ці люди дивляться на концепт зі своїх позицій. Намагаємось десь виправдати кожну сторону, десь засудити, десь знайти середнє бачення.

Хто?	Що робить?
Той, хто носить підбори завжди та скрізь.	Наводить 1000 і 1 аргумент на користь того, що носити взуття на підборах – це красиво. Це робить людину вищою і статнішою. Ноги на підборах мають стрункіший та сексуальніший вигляд. Підбори допомагають візуально покращити й подовжити фігуру. Говорить про те, що підбори – це мистецтво та що їх носити потрібно вміти, і не всім це дано.

| Той, хто віддає перевагу взуттю на низькому ходу. | Розповідає про те, що підбори – це шкідливо. Вони деформують стопу, і через те що вага тіла розподіляється нерівномірно, часто виникають проблеми зі здоров'ям.

Краса не варта того, щоб потім мучитися від болю в ногах.

Ходити в туфлях на підборах більше немає потреби, тому що вулиці не такі брудні, як у Середньовіччі, і підбор більше не виконує свою початкову функцію. |

Підбор і машина

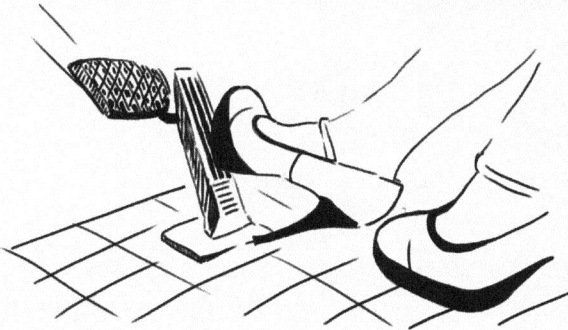

Можна вигадати спеціальні отвори в машині, де складаються підбори. Дуже зручно, коли можна зняти підбори, особливо жінкам, які їздять за кермом і відчувають дискомфорт від того, як нога стоїть на педалі. Чудова думка розмістити цю додаткову поличку під сидінням і складати підбори там. Особливо, якщо поєднати історію з колекцією різних підборів, які знімаються, і той момент, коли їх можна сховати в машині. Наприклад, їдеш на роботу в босоніжках на низькій танкетці, а потім чіпляєш до них підбор — і ти вже на шпильці.

Підбор і флешка/ носії інформації

Часто буває так, що потрібно носити з собою купу інформації окремо. А зберігати її нормально нема де. Навіть якщо взяти невелику флешку, де можна зосередити всю інформацію, вона може губитися. Але ось, якщо придумати спеціальний отвір у підборах або зробити там носій інформації... Тоді можна буде не переживати, де постійно знаходиться ця флешка. Тим паче якщо враховувати те, що на роботі ви все одно будете однозначно у взутті. І саме підбор за своєю формою буде найзручнішим місцем для того, щоб туди щось сховати.

Вразливі місця концепту

Що нам не подобається в підборах?

1. Якщо довго носити взуття на підборах, болять ноги.

2. Можна отримати не тільки дискомфортні відчуття, але й набути варикоз.

3. Підбор не можна відчепити від взуття, коли він набрид.

4. Часто підбори провалюються в дірки стокових решіток і дірявлять землю. Вона налипає на них і це має жахливий вигляд. Набійки на підборах постійно потрібно міняти, вони стираються.

Ми розглядаємо дві аудиторії, які булять одна одну. Вони затято відстоюють кожна свою позицію, що діаметрально протилежні.

Аргумент и прихильних до підборів	Аргумент и хейтер ів підбори в
Підбори допомагають мати стрункіший, красивіший і сексуальніший вигляд.	Підошва без підборів – це зручно і практично.
Носити підбори корисно, це допомагає підкачати м'язи ніг.	Взуття на платформі однаково добре підходить під ділові та ошатні колекції.
Підбори – це паличка-виручалочка для низьких людей. Це завжди + кілька см до зросту.	Коли ходиш у взутті без підборів, ноги не болять і варикоз теж не з'являється.
Є конкретний дрес-код, елементом якого є підбори. Якщо ви не вмієте їх носити — вас просто не пустять до закритого клубу, наприклад.	Взуття без підборів зручніше зберігати, ніж взуття з підборами.

Війни тих, хто носить підбори, і тих, хто їх зневажає, можуть тривати ще дуже довго. Адже одні дивляться більше на естетику, інші – на наслідки. Хтось вибирає красу на шкоду власному здоров'ю, а хтось, навпаки, готовий жертвувати своїм гарним луком заради того, щоб потім бути здоровим. Головне — знайти те, у чому це протистояння може зародитися, і, зігравши на цьому, створити нову форму підборів або удосконалити стару.

Суть у тому, що ти створюєш неприродний привід для булінгу. А потім сам же й показуєш, що і той, і інший бік мають рацію, і їхня думка розумна. І так ви закохуватимете у свій бренд і «вживатиметеся в кров» споживача.

Через ефект дива

Тут основний тригер – звернення до внутрішньої дитини. Тобто, коли ми працюємо з ефектом дива, ми зачіпаємо ті струнки, які викликають дитяче щире захоплення.

Зробити те, що викличе не просто вау-ефект, а таке захоплення, яке може спричинити справжня магія. Це щось таке, чого люди готові чекати із завмиранням серця. Прекрасна подія часто родом з дитинства, щоб можна було відчути ті казкові емоції і пережити їх знову.

Через колаборацію

Поговоримо про підбори. Про що мріє із самого дитинства більшість дівчаток? Звичайно ж, приміряти кришталеву туфельку й відчути себе справжньою принцесою.

А якщо ми їм подаруємо таку можливість? Якщо ми придумаємо такий черевичок, який з'являється відразу весь разом із підборами? Або як у казці, покажемо історію, як дівчина одягає лише туфельку, а отримує весь елегантний лук і поспішає на побачення.

Спортивне взуття теж одного разу колаборувалося із підбором. Так з'явилися кеди на підборах та кросівки з підборами. Правда, мода так їх і не прийняла, виглядали вони скоріше химерно, ніж тямуще. Якщо з'єднати ефект дива й колаборацію, можна створити показ мод. Там кожен дизайнер представить свою пару туфельок, і як тільки модель її примірять, відразу ж одягнеться в якесь відповідне казкове вбрання. Чим не диво?

Через руйнування

Як повністю знищити концепт підбора? У найближчому майбутньому ніяк. По-перше, тому що підбор не тільки ґрунтовно заснувався в модних домах, але ще й є частиною багатьох моделей спортивного взуття. Щоправда, це вже прихований підбор, але він спроєктований так, щоб правильно розподілити вагу та навантаження на стопи. Хоча це зовсім не той підбор, до якого ми звикли. Утім, світ змінюється, і, можливо, у майбутньому люди взагалі перестануть ставитись до взуття, як зараз. Можливо, ми придумаємо спеціальне антиударне ортопедичне покриття для ніг. Або навіть устілки, які прийматимуть форму ніг і потім форматуватимуться у взуття. Радше за все тоді підбори просто перейдуть у минуле й стануть історією. Можливо, вони також залишаться частиною красивих і модних образів, але це вже зовсім інша історія.

Через нав'язливий розвиток

Це підбор, який вже не схожий на свою першу форму. Спочатку ми його покращуємо до абсурду. Наприклад, це можуть бути такі підбори, які не просто роблять людину вищою, а й дозволяють їй ширяти над землею, щоб взагалі не бруднити взуття. Або це може бути складаний/розкладний підбор, який змінює висоту взуття. Або підбор, який трансформується в коліщатка й робить із взуття щось на зразок роликів, що дозволяє швидко переміщатися містом.

§7

RESEARCH CONCEPTS

Дослідницькі концепти – одні з найцікавіших. Адже вони народжуються і побутують разом з амбітними думками, ідеями вивчити щось приховане й незрозуміле, натхненням до великих звершень і прагненням людей робити незвичайні речі, створювати великі цілі, будувати академії, покращувати різні державні інститути та відкривати значні наукові напрями. Наприклад, перетворювати звичайний процес приготування їжі на мистецтво кулінарії. Або, мріючи дізнатися, що там за горизонтом морів, побудувати корабель і вирушити до дослідницької подорожі. Або спостерігати пів життя за зірками, записувати всі зміни, щоб твої нащадки могли якось полетіти туди.

Ідея домогтися більшого, дізнатися нове, дослідити незрозуміле, отримати щось, чого раніше не було, - це основний двигун дослідницьких концептів. Наприклад, у всіх історичних епохах людей супроводжувала музика. Чи можна її структурування до консерваторії, оркестрів і навіть звукових носіїв назвати дослідницькими концептами? А чому б і ні.

Перші музичні спроби людства були в області безпеки, і це був спосіб передати інформацію. Але потім ми помітили, що з різних природних матеріалів можна витягувати різні звуки, різної інтенсивності та мелодійності звучання. І як ми це використали? Виявилося, що не лише для звукового сповіщення.

Музика ввірвалася у світ людей вихором. Перші музичні інструменти відносять до III–II століття до н. е. І вони були створені не для того, щоб задовольнити якусь базову потребу, а стали результатом потягу до прекрасного. Музику вивчали та змінювали. З'явилися різні музичні інструменти — від калаталок до струнних, від пастушого рогу до духових.

Та й сама музика змінювалася. Кожна епоха народжувала нові стилі та напрями. Музика перетворилася на інструмент самовираження та спосіб сказати світові, хто ти такий. У підсумку це переросло в цілу індустрію, яка поділилася на безліч гілок і захопила весь світ. Зараз музика — це не просто звуки балів та оркестрів. Це практично сам супровід життя: вона скрізь і в різних форматах, і у вухах практично кожної людини в будь-який час доби.

Вона мотивує збирати стадіони та вигадувати новий софт для того, щоб її створювати, відтворювати та зберігати. Хіба могли ми подумати, що носитимемо в маленькій коробочці те, що раніше зберігали в величезних кімнатах. І це зовсім не межа.

§7.1 Ваш смачний обід крізь історію. Як люди винайшли кулінарію

Приготування їжі, кулінарія (лат. culīnāria «кухонне <ремесло>»; від culīna «кухня») — людська діяльність з приготування їжі. Включає комплекс технологій, обладнання і рецептів. Кулінарія – це сукупність способів приготування з мінералів і продуктів рослинного та тваринного походження різної їжі, необхідної для життя і здоров'я людини.

Одного разу м'ясо випадково потрапило у вогнище

У печерні часи люди не були вимогливими до свого раціону. Тоді не існувало такого поняття, як правильне (а тим більше неправильне) харчування. Ніхто не думав, що їжу треба готувати. Що можуть бути якісь вдалі поєднання продуктів, які роблять страви неймовірно смачними. Люди виживали засобом того видобутку, якого не доїли хижаки; завдяки поживним рослинам і випадковим відкриттям, які робили, пробуючи на смак усе поспіль. На зорі людства їм доводилося іноді ціною свого життя визначати їстівність тих чи інших продуктів. Люди їли просто тому, що їм потрібно було жити, ні про які смакові якості й гурманські характеристики їжі навіть не йшлося.

Поки одного разу м'ясо обробленого мамонта випадково не впало в багаття. Це було єдине м'ясо, і печерні люди зрозуміли, що перед ними вибір: чи піти голодними після довгого полювання, чи з'їсти те, що вийшло. Голодати нікому не хотілося, тож довелося їсти. І тут на них чекало здивування — м'ясо виявилося смачнішим.

Так випадкова подія підштовхнула світ до народження кулінарії. Далі це мистецтво розвивалося з кожним новим поколінням. Первісні люди смажили на багатті не тільки м'ясо, а й рибу, часто використовували гаряче каміння, на яке клали продукти та пекли. Однією з популярних страв кам'яного віку була кашка з різних круп. Щось на кшталт сучасної поленти, мамалиги чи баноша. А в окремих народів - товчена кукурудза з іншими інгредієнтами, загорнута в кукурудзяне листя і томлена на вогні. Готувалися такі страви легко й були досить ситними.

Згодом люди придумали вирощувати трави й додавати їх у їжу як приправи для збагачення смаку, а також готувати нехитрі юшки з різних інгредієнтів. Людство дуже швидко зрозуміло, що смачну їжу їсти цікавіше, і постійно шукало, як би удосконалити те, що дає природа.

Богиня, котра всіх годувала

У різні часи та в різних регіонах до їжі ставилися по-різному. То звеличували її, то вважали недостойною навіть згадати в розмові. Одні «жили, щоб їсти», інші ж «їли, щоб жити». Наприклад, у Стародавній Спарті їли просту їжу — каші та юшки, коржики та воду.

А ось кухарі Стародавньої Греції запікали на рожні бика, усередині якого була смажена вівця, у вівці — козеня, у козеняті — голуб, а в голубі — маслина. І незважаючи на ваш подив, робили це для того, щоб «було красиво». Ну і, очевидно, для виявлення нового смаку.

У Стародавній Греції та Римі дуже шанували богиню Куліну, яка вважалася покровителькою смачної та здорової їжі. Вона була годувальницею всіх богів Олімпу та десятою музою для еллінів. Грецька мода вишукано поїсти передалася Стародавньому Риму, де успішним будинком визнавали той, де працював талановитий кухар; не дивно, що саме там почали вивчати кулінарну науку.

Кухарі набирали собі учнів і навчали їх приготуванню їжі. Передавали секрети приготування страв лише найбільш тямущим, тому в ті часи дуже цінували професіоналів, які вміли поєднувати потрібні інгредієнти. Уже на той час з'явилася культура їжі, яку зараз ми називаємо «грецькою дієтою». Суть полягає в тому, щоб ділити продукти на ті, що потрібно їсти кожен день, щотижня і кожен місяць. **Докладніше це виглядає так:**

Щоденно:
- хліб, макарони, рис;
- овочі — від картоплі до баклажанів;
- фрукти;
- горіхи, насіння соняшника чи дині;
- оливкова олія — декілька столових ложок;

- йогурт і сир;
- 2 бокали сухого вина на день;
- не менше 8 стаканів чистої води на день.

Кожного тижня:
- риба й морепродукти;
- яйця;
- трохи солодощів.

Кожного місяця:
- пісне м'ясо й птиця;
- червоне м'ясо.

Греки завжди любили закотити бенкет, смачно поїсти, пофілософствувати й придумати нову страву. Гомер, Геродот, Плутарх, Аристрат та багато інших відомих особистостей того часу присвячували цілі розділи опису їжі та напоїв. Пізніше культ їжі поширився в Римі, Єгипті та європейських країнах. А ось на Сході панувала скромність. Там їжу майже ніколи не сприймали як щось особливе. Найчастіше багато продуктів там навіть не готували та їли сирими: деякі види риб, фрукти, горіхи, трави й навіть гриби. Але там завжди високо цінувалися спеції — саме вони надавали особливого смаку різним продуктам. І саме за ними потім полювали європейці.

Ніколи було вигадувати особливі страви

Середні віки загальмували розвиток мистецтва кулінарії. У багатьох регіонах вишукані страви були доступні лише королям та вельможам. Простий народ харчувався тим, що вирощував. Йому ніколи було думати про кулінарію, як про щось піднесене. Люди багато працювали, тому сприймали їжу лише як спосіб отримати енергію та не померти.

Усе змінилося, коли в Європу ринув пряний аромат Сходу, кулінарія піднялася на новий рівень, і Італія стала центром відродження кулінарії на той час. Що стосується французької кухні, то історія кулінарії цієї країни піднеслася за Людовіка XIV – ось тоді й почалася «війна» серед європейських кухарів і кулінарів.

У XIX столітті з'явилася перша кулінарна школа в Англії після великого затишшя в цій галузі освіти. У Франції кулінарія була й залишається дуже популярною. Відзначився в ній Антуан Карем за часів Наполеона. Він знав історію своєї справи, особливо давньоримську кухню, яка славилася важкими та жирними стравами. У своїх нотатках він вказував на залежність настрою від їжі: «Літератор вміє насолоджуватися гарною гастрономією. Поети люблять гарний обід і нахвалюють амброзію. Похмурий філософ звертає мало уваги на гастрономію».

А 1891 року вже у французькій столиці відчинив двері подібний англійський заклад, поділений на чоловічі та жіночі групи. Це вже було не просто передача примітивних знань про те, як пекти хліб або готувати дичину. Просто вживати їжу стало нудно, публіка вимагала особливостей. І в кожному регіоні ці особливості почали розвиватися по-своєму.

Національні кухні та їхні особливості

Зміни в кулінарії безпосередньо залежали від особливостей країни. Наприклад, Греція була багата на овочі, і клімат там був сприятливим для вирощування різних зернових культур. Греки дуже любили різні поєднання продуктів. До речі, саме греки вигадали перший прототип борщу - овочевий суп на м'ясному бульйоні з додаванням буряків і капусти. Хліб і крупи були головними продуктами в античному світі. З них готували юшки та каші, такі як маза – суміш борошна, меду, солі, оливкової олії та води; турон – суміш борошна, тертого сиру та меду. Багато продуктів перед приготуванням посипали ячмінним борошном. Активно використовувалися квасоля та інші бобові рослини. Уже в бронзовому столітті знали та використовували велику кількість овочів. Іноді в овочеві страви додавали баранину або яловичину, але м'ясо домашніх тварин було дорогим, тому широко використовувалися мисливські трофеї - м'ясо диких звірів і птахів, якого було тоді вдосталь. Улюбленими національними супами стародавніх римлян були різноманітні овочеві супи та борщі — спеціально для них у землеробських маєтках вирощували багато капусти та буряків, а також цибулі.

А ось у спартанців був досить мізерний раціон. Вони не зводили їжу в культ і харчувалися скромно, але достатньо для того, щоб отримувати енергію для битв і походів. Відомий рецепт спартанської юшки – меланас. Шматок м'яса або свинячі ноги, бичача кров, оцет, сіль, іноді додавали сочевицю. Очевидно, що на смак юшка була просто жахливою.

Якщо говорити про особливості європейської кухні, то тут уже кожна країна славилася своєю коронною стравою. У Франції це були хрусткі багети та круасани, цибуляні пироги та супи, пишні булочки. Англія уславилася любов'ю до сніданків, тостів, каш з

різними наповнювачами (ягодами, горіхами, вареннями, джемами, фруктами та іншим).

Австрія славилася своєю випічкою, шліпф крап фенами, шніцелями та ковбасками. Угорщина — гуляшем, бігусом та численними стравами з мангалиць (кучерявих свинок). Німеччина — різними видами ковбасок, шніцелями та кислою капустою зауеркраут.

Польща — пирогами, різноманітними грибними жупами та запіканками. Україна – варениками, борщем, галушками. Росія — млинцями, грибними юшками, щами й різними видами приготовленої дичини. Список можна продовжувати до нескінченності. Але тут важливо сказати, що національна кухня будь-якої країни формувалася, виходячи з того, які продукти були в легкому доступі.

Якщо говорити про східні країни та ті, які зараз називають країнами третього світу, то тут теж є один важливий нюанс. Страви такої кухні в основному дуже гострі та пряні. Тут спеції спочатку використовували не стільки для смаку, скільки для внутрішньої дезінфекції, оскільки в цих країнах поширені антисанітарія та захворювання ШКТ. Як тільки жителі Сходу відкрили корисні та антисептичні властивості приправ, відразу ж почали активно їх використовувати в готуванні.

Кухні та спеції

Спеції в кулінарії займають особливе місце. Колись за спеціями до Індії споряджали цілі експедиції. Вони настільки урізноманітнювали палітру смаків європейської кухні, що кухарі багатьох країн буквально воювали за кожен грам чудових порошків. Знамениті мандрівники розповідали про «ароматний» товар, привозячи з далеких мандрівок нові види пряних рослин. Багато хто з них залишив свої записи.

Монах Косма Індикоплов у книзі «Християнська топографія» (530 рік) описав деякі прянощі. Венеціанський мандрівник Марко Поло опублікував книгу з описом зроблених ним відкриттів, де помістив розповідь про пряні рослини. Ця книга дуже вплинула на Христофора Колумба, викликавши його інтерес до пошуків нових джерел дорогого товару — прянощів. Повним пригод виявилося і плавання експедиції португальця Васко да Гами: багато її учасників загинули, експедиція втратила судно. Дохід від продажу привезених прянощів значно перевищив вартість судна. 1519 року була споряджена іспанська тихоокеанська експедиція Магеллана.

З 265 моряків повернулися лише 18 і флагманський корабель. Вартість вантажу гвоздики, привезеного ними, перевищив вартість втрачених кораблів. Наступні подорожі, війни, торгові експедиції сприяли ще більшому поширенню «пряного» товару в усіх частинах Землі. Поступово люди навчилися використовувати прянощі не тільки як ароматну добавку до страви, але і як лікарський засіб, що має чудодійні властивості. Ось такими правдами й неправдами світ намагався отримати прянощі, щоб зробити свої страви ще смачнішими і вишуканішими. З появою спецій багато звичних страв зазнали змін. І це дало новий виток у розвитку кулінарії. Метою готування більше не була банальна ситість, тепер кулінарія почала виконувати нове завдання — вона почала ставати мистецтвом.

Війна за визнання, молекул и й зірки

Як ми вже обговорювали раніше, професія кухаря цінувалася ще з часів Стародавньої Античності. Однак у Середньовіччі кухарі стали популярними настільки, що відкривалися цілі кулінарні школи. Хоча смачно готувати доводилося лише для знаті, вельмож і короля. Прості ж кухарки не могли створювати вишукані та незвичайні страви, як того вимагали аристократи та еліта.

Кухарі, які могли самі вигадати щось нове, були затребуваними і завжди в пошані. Часто вони ставали відомими завдяки кмітливості та випадковостям. Є одна відома історія про ватрушки з родзинками. Один строгий вельможа постійно замовляв ватрушки в одного кухаря. Рецепт не змінювався, це були здобні булки з солодким сиром і хрусткою скоринкою. Але якось у сир впав тарган, і кухар, щоб викрутитися перед вельможею і не втратити голову, придумав, що це новий рецепт ватрушок з додаванням родзинок. Вельможа не став розбиратися, чому в його ватрушці з'явивлия родзинки, але, на радість кухареві, оцінив таку новацію і дуже полюбив ватрушки з «родзинками». Згодом кухарі не тільки готували для вельмож, вони відкривали свої заклади, де могли їсти відразу по кілька людей. І ось почалася боротьба за те, щоб залучати якомога більше клієнтів. Меню оновлювалося, різноманітність страв вражала, підхід до приготування дивував.

Більше уваги приділялося оформленню страв та їхній декорації. З'явилися красиві візерунки з фруктів та зелені на тарілках, техніки прикрашання та подачі страв, пристосування для оформлення різних страв і навіть елементи шоу. Спочатку досить мізерні та примітивні, але згодом навіть шокуючі. Наприклад, прямо на столі перед вами могли обробити реберця, а потім піти їх готувати. Також подати ще палаючі різнокольоровим вогнем крила BBQ. Принести морозиво на таці, яка димиться від рідкого азоту, або здивувати подачею, де замість звичної тарілки використовують дерев'яний брусок, ставало все популярнішим.

Далі кулінарія розвивалася в бік гурманства. І кухарі, і клієнти шукали новий смак та нову форму. Так виникла молекулярна кухня. Тепер кухарі змогли обдурити ваш зір і поставити мозок у глухий кут. Пропонуючи з'їсти щось, до чого всі звикли, але зовсім у несподіваній формі. Наприклад, суші у вигляді торта чи паштет, замаскований під мандаринки. Майстри кулінарії грали з формами та текстурами, вони придумали, як зробити так, щоб із цільної страви виливалася серединка, як, наприклад, у яйцях пашот чи шоколадному фондані. Вони придумали різні способи нарізки овочів та м'яса, щоб показати новий смак, як у тартарі чи карпаччо. Вони придумали, як маринувати й в'ялити м'ясо, щоб воно змінювало смак і змушувало рецептори насолоджуватися, як у хамоні або стейках з мармурової яловичини.

Кулінарія переросла в індустрію, де з'явилися свої канони й правила. Наприклад, одним з найвищих ознак визнання стали зірки Мішлена. Цей герой жив близько 100 років тому, потім одного разу вирішив допомогти автомобілістам і створив довідник різних закладів, де можна було смачно поїсти. Там були й заправки, і кафе, і забігаловки, і ресторани. Так з'явився знаменитий червоний довідник та перші зірочки. Щоправда, на старті вони означали лише те, що ціни тут досить високі. Через 30 років історія змінилася, і зірки Мішлена почали надавати тим закладам, які особливо відзначилися. Їх точно варто хоч раз у житті відвідати.

З'явилася тризіркова градація. Одна зірка каже, що ресторан гарний у своїй сфері. Дві — про те, що кухня достойна. А три — про те, що робота місцевого кухаря вартує окремого візиту до закладу. Як заклади отримують зірки Мішлена — ніхто не знає. Адже це таємниця за сімома печатками, інакше вся об'єктивність заперечується. Але факт залишається фактом – за зірки Мішлена воюють усі ресторани світу. До речі, найбільше ресторанів із зірками у Франції, а от за кількістю ресторанів із трьома зірками лідирує Токіо.

Сучасна кулінарія — це поєднання технологій і творчого підходу

Світ кулінарії настільки дивовижний, що зараз ми маємо й продукти для швидкого харчування, і сублімовані продукти (супи та локшина швидкого приготування). Продукти для космонавтів розроблені таким чином, щоб їх можна було зручно їсти в умовах невагомості.

І звичайні напівфабрикати, які є, напевно, у кожного в холодильнику. І різноманітні технології, що дозволяють м'ясу бути м'якшим (вакуумація і су-від), а фруктам і кисломолочним продуктам – зберігатися довше (пастеризація та консервація). Щоразу, коли в людства народжується нова потреба, пов'язана з їжею, світ швидко знаходить спосіб, як її задовольнити.

Стислий опис проєкту

У печерні часи люди були вимогливими до свого раціону. Тоді не існувало такого поняття, як правильне (а тим більше неправильне) харчування. Ніхто не думав, що їжу треба готувати. Не з'являлася думка про якісь вдалі поєднання продуктів, які роблять страви неймовірно смачними. Люди виживали завдяки тій здобичі, яку не доїли хижаки; засобом поживних рослин і випадкових відкриттів, які робили, пробуючи на смак усе поспіль.

На зорі людства їм доводилося іноді ціною свого життя визначати їстівність тих чи інших продуктів. Люди їли просто тому, що їм потрібно було жити, ні про які смакові якості та гурманські характеристики їжі не йшлося. Якось м'ясо обробленого мамонта випадково впало в багаття.

Усне виявлення

Насамперед, це рецепти, які усно передавали з уст у вуста. Це опис страв та технологій їхнього приготування, які спочатку обговорювали. Потім зберігали на папері й навіть втілювали в реальність зі своїми нововведеннями. Ідеї створення кулінарних шоу та їхні різні формати теж можна вважати усними проявами в кулінарії.

Фактичне виявлення

Говоримо про те, що в нас є зараз і було раніше. Це різні страви, створені за рецептами, це ресторани та заклади, де готують їжу. Це навіть кухонне начиння, яке використовується для приготування страв. Це школи, у яких вчать готувати, це навіть посада кухаря та всього персоналу, який працює на кухні (безпосередньо з їжею). Це різні структури, які стежать за якістю їжі та розробляють технологічні інструкції.

Авторський аналіз

Дослідницький концепт кулінарії дуже цікавий. Особливо його авторський аналіз. Тому тут можна розглядати його з різних сторін потреб людини. Не тільки з позиції задоволення базової потреби наситися і отримати заряд енергії, але й з естетичної позиції, щоб отримати насолоду від того, що ти їси і який це має вигляд. Понад те, якщо говорити про феномен кулінарних шоу, то порушується питання вічних «хліба та видовищ». Тому, з якого боку не подивися, а кулінарія – це величезне поле для дослідницької діяльності. Отже, нам потрібно задовольнити кілька потреб. Потрібно вживати їжу і щоб це було красиво. Як це можна зробити?

- Насамперед, це стосується самої їжі. Якщо зараз ми ходимо в магазини й на ринки або користуємося службою доставки, то в майбутньому зможемо просто замовляти бокси з продуктами під свої проблеми. Тижневі, місячні річні тощо.

- Їжа може взагалі змінити форму, і всі необхідні речовини можна буде отримувати в таблетках або порошках, щоб заощаджувати час. Але цього ніколи не станеться, тому що надто багато індустрій заробляють на їжі.

- Стосовно закладів, то вже зараз з'являються місця з найсміливішими концепціями. Такими, де можна дивитися, як персонал готує, або навіть самому взяти участь.

- Це можуть бути заклади, які транслюють одну ідею. Наприклад, ви приходите до кафе «Мефістофель», і вам приносять суп у кришталевому черепі. І сам інтер'єр відповідний. Тобто тут ти вже не просто приходиш наситися, а й подивитися на те, як це все обіграно й відчути атмосферу.

Формат кулінарних шоу також може змінитися. Це цілком можуть бути такі шоу, де кожен може взяти участь через вебтрансляцію. Можуть бути віртуальні кулінарні шоу, де кожен готує у віртуальному світі.

Розглянемо кулінарію з погляду споживача та з позиції підприємця. Що вони хочуть і в чому вони можуть не знаходити згоди.

Хто?	Що робить?
Підприємець	Шукає, яким чином кулінарію можна наповнити новими функціями й монетизувати їх. Це все для того, щоб викликати інтерес споживача й мотивувати його йти саме в цей ресторан і купувати саме ці страви. І бажано, щоб такі покупки відбувалися якнайчастіше. Підприємець хоче створити унікальний продукт, який буде дорогим та його захочуть купувати всі, але дозволити собі зможуть геть не всі. Можна створити спеціальну програму, що надсилатиме людям ту їжу, яка їм потрібна за певними параметрами. Наприклад, для веганів, для тих, хто не сприймає лактозу, для тих, хто не їсть якусь групу продуктів. Для тих, кому потрібна дієта. Це щось типу доставки їжі, але за конкретними запитами. З погляду підприємця, тут можна задіяти дві сторони – ресторани та клієнтів. Варіацій може бути дуже багато.

Споживач	Шукає той продукт, який зможе задовольнити його потребу. Їжу, яку готують швидко, але гарно. Щось, що можна їсти й не витрачати час на приготування їжі. Також навпаки те, що прослужить довше. Можливо, він шукатиме той продукт, який поєднає ці якості. Шукає такий продукт, який не дратуватиме його, підходитиме за стилем, настроєм, характером. Це не буде забирати багато часу на готування, але буде смачним.

Нейронні історії

Кулінарія, везіння, медицина

Якщо ви вже проходили концепт долі, то знаєте, що ми поєднували кулінарію та долю. Вийшло дуже цікаво й пізнавально. Як результат, ми дійшли того, що навіть такі складні концепти все одно можна зв'язати та оригінально обіграти. Це без спойлерів для тих, хто ще не читав. Зараз ми постараємося поєднати концепт кулінарії та медицини, концепт кулінарії та везіння.

Везіння	Можна придумати навіть кулінарне шоу, де дві різні команди будуть випробовувати своє везіння. Наприклад, ті, хто готує страву,

	повинні вгадувати, у яких ящиках що знаходиться.
	Або вибирати якісь ящики з продуктами й готувати з них те, що зможуть. А судді мають оцінювати це все. Основним посилом стане те, що завдяки везінню людина буде отримувати ту чи іншу коробку. Деякі будуть кращі, інші гірші, у певних узагалі не буде вистачати продуктів або девайсів.
	Ще можна створити ресторан, де ти на везіння вибираєш страву й пробуєш її. Можеш потрапити на щось від мішленівського кухаря або з фастфуду.
	Загалом з'єднання концепту везіння ми й так спостерігаємо, наприклад, тоді, коли кухарі готують фугу-рибу. Хоч вони проходять спеціальне навчання і дуже довго готуються, ніколи не можна заперечувати факту помилки. Везіння тут не завадить.
	Також, наприклад, печива та шоколадки з прогнозами. Тут тобі може випасти щось позитивне чи негативне.
Медицина	Кулінарія та медицина чудово поєднуються. Наприклад, це може бути історія про лікарню, де часто не смачно годують.
	Також тут можна поєднати концепт ресторанів з корисною кухнею, доставки та

лікарні чи санаторії. Можна взагалі прибрати кухні з лікарень і повністю перейти на доставку.

А ще можна створити концепт ресторану, де буде все в медичному стилі. Зробити так, щоби це була не бутафорія, а по-справжньому. Навіть самі страви мають створюватися так, щоб потрібно було змішувати інгредієнти в різних пропорціях, додавати спеціальні розчини.

Загалом сам принцип був би такий, як змішують препарати в медицині.

Через посилення негативу

Щоб посилити негатив у концепті кулінарії, дуже старатися не потрібно. Насправді історія складалася так, що вже було кілька спроб ставитися до концепту кулінарії не дуже добре. Наприклад, у середні віки кулінарії як науки і як мистецтва не існувало в принципі.

У людей не було зайвих коштів на те, щоб вкладати їх у розвиток кулінарії. Люди загалом їли погано і від цього часто хворіли. Ставлення до їжі було таким, що люди їли просто для того, щоб не вмерти.

Селяни багато працювали, а вельможі не мали потреби в тому, щоб їсти щось вишукане. Тоді навіть святкування не вирізнялися особливим кулінарним розмахом. Готували що вміли та як могли. Через те, що в людей часто траплялися отруєння, про жодні кулінарні експерименти не було мови.

Тому кулінарія багато років залишалася в тіні. Пізніше, коли люди захотіли їсти смачно та гарно, з'явилися перші кулінарні школи. Почали вчити готувати смачно, і ставлення до кулінарії теж змінилося.

Імовірно, у майбутньому ми так само будемо ставитися до того, до чого звикли зараз. І ті кулінарні штуки, які зараз вважаємо неприйнятними, у майбутньому стануть дуже крутими. Наприклад, з'єднання непоєднуваних інгредієнтів. Із цього може вийти дуже цікава історія.

Через зворотний булінг

Концепт кулінарії через інновацію зворотного булінгу можна розглядати з різних боків. Головна суть у тому, що є ті, хто їсть винятково рослинну їжу, і ті, хто не уявляє життя без м'яса. Хто спокійно купує продукти в маркетах і хто любить винятково органіку. Це може бути група тих, хто любить їсти й готувати вдома, і тих, хто ходить тільки до закладів. Ось останніх ми й розглянемо.

Ті, хто любить їсти й готувати дома, та їхні аргументи	Ті, хто любить їсти в закладах і ненавидить готування, та їхні аргументи
Коли ти готуєш вдома, можеш сам контролювати якість продуктів і те, що ти їси.	Не потрібно витрачати купу часу на те, щоб приготувати їжу.
Готування дома мінімізує ризик харчових отруєнь.	У закладах можна скуштувати різні кухні світу, які самим не приготувати.

Коли готуєш вдома, можна кайфувати від самого процесу й експериментувати.	Не потрібно мити посуд та прибирати все після того, як готуєш.
Готувати вдома зручніше, і це можна робити в будь-який час. І це дешевше.	Можна вибрати різні страви для сім'ї, коли у всіх різні гастрономічні уподобання.

Через ефект дива та колаборацію

Кулінарія та ефект дива дуже тісно пов'язані. Щоб розвинути цю інновацію, достатньо згадати все, що ми любили в дитинстві. Кожне свято завжди супроводжувалося смачною їжею. Не дарма в різних кухнях світу завжди існували різдвяні страви. Наприклад, навіть індичка на День Подяки — це традиційна страва, з якою пов'язана історія. Але тут усе зрозуміло, а як досягти ефекту дива в сучасності? Легко! Наприклад, можна створити ярмарок, де готуватимуть улюблену їжу з ігор та казок. Ви хотіли б спробувати вершкове пиво з «Гаррі Поттера»? Або побувати на справжньому казковому бенкеті, які бували в казках про принцес і принців? Якщо повернутися до формату кулінарних шоу, то їх також можна поєднати з казковими історіями. Наприклад, підібрати такий формат, де учасники готують їжу з комп'ютерних ігор. Можуть бути шоу, де люди пробують зовсім незвичну для себе їжу й намагаються вгадати інгредієнти. До речі, це ще й колаборація.

Наприклад, можна поєднати формат ток-шоу та кулінарії. Однак не це буде незвичайне кулінарне шоу, а такий формат, де можна ставити питання і за правильні відповіді одержувати продукти, з яких потім готувати цікаві страви. Перемагає команда, яка не просто смачно готує, а й демонструє свої знання в різних галузях. Цікавою колаборацією стане з'єднання двох концептів: машини та кулінарії. Наприклад, можна пускати містом машини, які й готують, і відразу розвозять їжу на місця. Можна створити ресторан на колесах, який їздитиме містами та країнами та популяризуватиме різні кухні.

Через нав'язливий розвиток

Для того щоб застосувати інновацію через нав'язливий розвиток, нам потрібно вибрати концепт і подивитися на тих, хто використовує його крутіше. Вибрати те, що ми можемо «викрасти, як художник», і використовувати це. Довести наявний концепт до абсурду. Отже, як довести кулінарію до абсурду? Що це може бути?

Можливо, в майбутньому ми зовсім переосмислимо кулінарію і вона нас дуже здивує. Можливо, кожен матиме набір пакетиків з різною сублімованою їжею, і ми перестанемо ходити в кафе.

Можливо, ми змінимо своє ставлення до їжі й споживатимемо тільки речовини, необхідні для того, щоб організм функціонував, і вони будуть у форматі рідин. А можливо, навпаки, кулінарія настільки розвинеться, що дітей навіть у школі навчатимуть готувати — і не просту яєчню, а всякі тартари та рататуї.

Впевнений, що в розборі цього концепту у вас виникло багато ідей. Тому що кулінарія багатогранна. Її можна крутити по-різному, дивитися з різних боків і поєднувати з багатьма іншими концептами. У книзі я даю лише базис та приклади, ви можете з ними не погоджуватися, відверто їх заперечувати, вигадувати свої інновації та впроваджувати їх. Я буду цьому тільки радий. Чарівність концептології в тому, що вона податлива, як пластилін. Навіть коли я створював книгу, вона кілька разів видозмінювалася. Уже в процесі придумав нову інновацію і впровадив її. Те саме може вийти у вас. Тому удачі вам і не забувайте потім ділитися своїми успіхами.

§8 PHILOSOPHICAL CONCEPTS

Філософія завжди була наукою про мудрість. Вона народилася саме в той момент, коли люди почали замислюватися про незрозумілі речі. Спостерігаючи за світом, довкіллям, своїми одноплемінниками, природними явищами, погодою, небесними тілами та іншими об'єктами, люди завжди намагалися знайти відповіді на постійні питання. Чому йде дощ? Звідки береться вітер? Чому сонце завжди встає на сході та сідає на заході? Чому все у світі влаштовано таким чином, а не якось інакше? І в той же час з'явилися філософські концепти.

Як усе починалося

Чарівність людського розуму в тому, що він допитливий і спостережливий. Люди колись змогли створити все те, що мають наші сучасники, завдяки саме цим якостям. У найдавніші часи людство не могло пояснити прості явища, створюючи міфи й легенди, де вигадувало різних богів і наділяло їх надздібностями. Однак, незважаючи на величезний і лячний для них світ, вони таки не переставали задаватися питаннями моралі, що правильно робити, а що ні. З'явилися питання про те, яка людина може вважати себе вільною або щасливою, що таке доля, призначення, справедливість, добро, зло та інші категорії, які існують тільки в головах людей. І як би вони не намагалися вдихнути в них життя або увічнити в скульптурах божеств, ті завжди залишаються чимось невловимим, ефемерним і безпредметним.

Наприклад, в античному світі філософія не просто займала почесне місце, вона стала стилем життя. Тим, завдяки чому виводилися закономірності, писалися державні закони й з урахуванням чого відбувалися найсміливіші експерименти. Філософія була тим, що дало поштовх не тільки найбільш просунутим винаходам, але й найбільш трагічним помилкам. Вона лежить в основі будь-яких дискусій, досліджень, праць, суперечок та нових поглядів. І, звичайно ж, філософських концептів, що використовуються в сучасності.

Не дарма філософія — цариця наук

Філософія завжди була однією з найважливіших наук. І що найважливіше – особливою формою пізнання світу. Саме вона допомогла виробити систему знань про найбільш загальні характеристики, гранично-узагальнюючі поняття, фундаментальні принципи людського буття, про відношення людини і світу. Філософія спочатку піднімає ті питання, які найбільше терзають людський розум.

Майєвтика Сократа ще за 400 років до нашої ери призвела до того, що є однією з головних рис концептолога сучасності, – вмінням сумніватися у всьому й шукати максимальну кількість аргументів на користь різних своїх теорій, гіпотез і парадигм. Ті галузі пізнання, котрим вдається виробити ясну й працездатну методологічну парадигму, виділяються з філософії в наукові дисципліни, як, наприклад, свого часу з філософії виділилися фізика, біологія та психологія.

До завдань філософії протягом століть належали як вивчення загальних законів розвитку світу та суспільства, так і вивчення самого процесу пізнання та мислення, а також вивчення моральних категорій та цінностей. Що важливо, моральні категорії досі є предметом суперечок та обговорень у всьому світі.

Ми досі не можемо чітко визначити, що таке справедливість та доля. Чому в одному випадку евтаназія – це порятунок, а в іншому випадку – злочин. Чому смертна кара може існувати в одному суспільстві та виключена в іншому? Чому ми всі по-різному трактуємо людську свободу? І так можна продовжувати до безкінечності. У цьому розділі я хочу показати їй розповісти вам про кілька з неоднозначних концептів, які мотивують людство думати, сперечатися, дискутувати й вічно шукати більш зрозуміле бачення.

§8.1. Чи звинувачувати долю через нещастя? Як постало поняття «доля»

Як часто ми чуємо або навіть мимоволі вимовляємо, коли не отримуємо чогось бажаного: «Ех, мабуть, не доля». Іноді зі злості на обставини або те, що не можемо на щось вплинути, щось проконтролювати.

Іноді просто виправдовуємо власну бездіяльність чи навіть розпач. Як часто наділяється цей термін величезними силами. Доля практично всемогутня, адже так багато залежить саме від неї. Але чи ви замислювалися над тим, що таким чином перекладаєте власну відповідальність на щось ефемерне.

Простим «ну не доля» позбавляєте себе шансу боротися і домагатися бажаного. Утім, це стосується не всіх. Що ж таке доля і чи справді вона така могутня? Чи можна її змінити, приборкати чи все ж таки кожен живе так, як йому призначено? Давайте розбиратися далі.

Печерна доля

Чи знали печерні люди про долю? Стверджувати напевно вкрай складно. Адже доля – концепт філософський. Складний та багатогранний. Аби його вибудувати, людині розумній потрібно було отримати досвід кількох поколінь, переробити його, переосмислити. Чи достатньо такого досвіду було в первісних людей? У нас немає зафіксованих фактів про це, але все ж вони напевно стали першою відправною точкою, з якої почалося все філософське судження. Уже за часів перших повір'їв існувала якась сила, яка визначала буквально все: чи піде дощ, чи буде добрим урожай, чи вб'ють мамонта, чи помре людина від хвороби та інше. Ну, як сказати «існувала»? За фактом вона існувала лише всередині нашої групової уяви. Такі міфічні сили винайшли тому, що не могли пояснити ті чи інші процеси в природі. Їм банально не вистачало досвіду, спостережень та розуміння, що і як працює. До того ж, у древніх племен було більше тваринних інстинктів, отже, ними керували страх і тривога. Тому вони придумали богів та істот, які всім керували. Так було простіше жити й не треба було надто турбуватися з кожного приводу. Адже коли ми детермінуємо відповідальність за щось на інших, нам набагато простіше жити. Ось і почалося: «так вирішили боги», «задуми богів смертним не зрозуміти» та інші переконання прищеплювалися і передавалися з покоління до покоління протягом десятків тисяч років. Виходить, ідея того, що всім заправляє доля, почала зароджуватися вже тоді.

Античність... Час, коли філософія була однією з найбільш популярних наук

У стародавніх греків було божество, яке стояло навіть вище за Зевса – Зевс-Зен. Наприклад, Есхіл говорив, що Зевс-Зен керує Долею. У грецькій драмі, як у напрямі і своєрідному відображенні Елевсінських містерій, часто говорили про загадковий принцип Долі, що керує всім у світі. Наприклад, у творі Есхіла «Прометей прикутий» був такий момент: розіп'ятий бог запитав: «Чому ви це робите зі мною?» Таємничий голос з далеких висот, над Олімпом і над самим

Зевсом, що дійшов до Прометея через Гермеса — вісника, бога Мудрості, — відповів: «Тому що так хоче Доля, бо це Доля…»

Якщо подивитися на міфологію, фольклор і казки, видно, що у всіх народів так чи інакше була доля, що була навіть вище будь-якого персоніфікованого божества. Є якийсь загадковий, містичний, таємний принцип Долі. І далі не завжди він був втілений у якусь форму.

- У давньоєврейській Кабалі це було Ain Soph (Ейн-Соф), «Ніщо». Знову та сама історія: Ain Soph на вершині Корони та він управляє всім. Він має імпульс, який мчить з висот, щоб дістатися до нашого світу. А в нашому світі все явлене набуває форми тоді, коли завдяки йому «зіштовхуються» деякі сили, енергії та матерії.

- У міфах і оповідях Стародавньої Індії в пантеоні також є істота, яка знаходиться за межами раціонального, інтелектуального розуміння.

- Те саме в пантеонах Стародавньої Америки й Стародавнього Китаю: завжди згадується вище божество без імені та атрибутів, що представляє Долю, яку не вблагати й ніяк на неї не вплинути.

Міфологія вирізняє 5 іпостасей Долі

- Розподільник. І в ній немає логіки. Просто як повезе. Одним доля приготувала райське життя, іншим море випробувань. І незрозуміло, чому саме так. Від людей, які вірять у такий вселенський розподіл, часто можна почути: **«Така моя доля».**

- Гравець. Це про тих, хто вірить у везіння. Колесо фортуни може крутитися, як завгодно. Людина може опинитися в такій ситуації, яка змінить її долю дуже круто. Про таких кажуть:

опинився в потрібний час у потрібному місці.

• Режисер. Класика: життя – гра, ми усі актори. І знайомимося із певними людьми не просто так. Це про силу взаємодії та подій.

• Позикодавець. Людині дають якийсь талант. І саме від того, як вона цим розпорядиться, і залежить її життя.

• Суддя. Усе залежить від попередніх втілень. Якщо в попередньому житті людина поводилася погано, грішила, то в наступному бути їй невдахою і терпіти біди.

У Середньовіччі поняття долі обросло релігійними смислами. «На все воля Божа» – відома фраза, яка актуальна ще й зараз. Саме за часів поширення різних релігій, хресних походів і пропаганди вірувань Бог і доля були пов'язані максимально тісно. Що таке доля через призму релігії? Найчастіше це низка випробувань, які потрібно пройти, перетерпіти, винести. Це для того, щоб довести свою вірність і відданість Богові. Господь визначає, як кому жити, скільки випробувань послати кожному, кого нагородити, а кому дати урок. Чи справедливо те, що за ті самі дії різні люди отримують різні випробування від вищих сил? Наприклад, двоє людей скоїли крадіжку — це грішно. Але одного спіймали та покарали, а другий вийшов сухим із води. Тут починає свою активну роль критичний тип мислення. Вивчаючи будь-які релігійні догми, критичне мислення ставить під сумнів всі подвійні або недоведені припущення або висловлювання. У відповідь будь-яке вчення чи релігія надає відповіді у межах своєї догми.

Таким чином, Аристотель вивів закон про те, що два предмети, незалежно від розміру, падають з однаковою швидкістю. А коли було доведено, що сам предмет впливає на швидкість падіння, то всередині своєї ж наукової догми він виправив трактування цієї закономірності, опублікувавши, що «предмети падають з однаковою швидкістю, незалежно від їх маси. Але іноді предмет може дуже радіти й таким чином швидше наближається до місця свого спокою».

Коли виникає питання, чому однаковий вчинок двох злочинців оцінюється по-різному, релігія пояснює це в межах свого вчення. Значить, були на те причини, так вирішив Бог, може, хтось із членів сім'ї надто нагрішив, може, і сама людина вже не вперше робить такий вчинок, а може, це їй випробування, щоб перевірити. Основна думка спочатку була такою, що все у світі вирішено за людину. А вона просто кориться своїй долі. Філософ Спіноза, наприклад, вважав, що у Всесвіті людина – лише порошинка, і тому безглуздо очікувати, що порошинка ця може взяти відповідальність за розвиток ходу подій Вселенського масштабу. Але найкритичніші уми людства завжди сумнівалися у всьому. І саме сумніви в правильності релігійних догм дали новий поштовх до розуміння того, що таке доля. Люди не могли змиритися з тим, що все зумовлено. Адже коли ти свідомо знаєш, що це так — розвиток неможливий. З'являлися нові погляди та нові течії. Спостереження людей доводили: людина могла впливати на своє життя. Саме від її рішення та вибору залежало те, що вона отримувала. Світ став ставитись до долі по-різному. Особливо після Середньовіччя, коли церква перестала бути світською і відокремилася від держави.

Уже тоді склалися головні релігійні елементи долі:

- **Невідомість.**

Людина не може знати, що чекає на неї в майбутньому. Навіщо вона в цей світ прийшла, яка її мета, що саме вона повинна зробити тут, які функції повинна виконати.

- **Тотальність.**

Доля стосується всього. Усіх сфер життя та всіх людей. Вона задіює всі Всесвітні механізми.

- **Незалежність.**

Люди не можуть впливати на долю. Як би вони себе не поводили, що б не робили — змінити невідворотне неможливо.

І саме третя викликала завжди найсильніші сумніви. Не хотілося людству миритись з тим, що всі вирішили за нього. Тим більше були справді люди, які своєю старанністю, роботою та завзятістю ламали встановлені стереотипи щодо долі.

Сучасне визначення долі

Як завжди це буває, думки розділилися. Фаталісти все ж таки схильні вважати, що доля — це те, що нам накреслено згори, і це не змінити. Езотерики вважають, що доля — це про попередні втілення та карму. Пси-хологи стверджують, що зумовленості засновані лише на переконаннях, вчинках, характерах. «Творці життя» впевнені, що жодної долі немає, усе лише у ваших руках. Ну а найхитріші фаталісти намагаються всидіти на двох стільцях, не заперечують наявність долі, але й не сприймають її як щось незмінне.

Зараз є й інша, більш звична, градація визначень долі:

- **Соціальне визначення.** У того, кому в цьому житті пощастило, більше шансів жити добре: народився в багатій сім'ї, значить більше можливостей рости й розвиватися, удосконалюватися. Народився в бідній, значить потрібно пройти низку складнощів, щоб дістатися туди, звідки багаті стартують.

- **Психологічне.** Беремо попередній приклад. Багата дитина може рости споживанням, не знати ціну грошам і зовсім не вміти заробляти. Не хотіти здобувати освіту, жити на всьому готовому та й узагалі стати на слизький шлях. У той самий час людина з бідної сім'ї прагнутиме підвищити свій статус, прикладаючи більше зусиль з допомогою мотивації. І її навички перевершать конкурента з великими можливостями.

- **Подієве.** Випадковості завжди є. Хоча є думка, що вони не випадкові (так вважають усі фаталісти). Це як у відомому фільмі «Ефект метелика». Навіть найменша випадкова подія може вплинути на перебіг усіх наступних: розмова, зіткнення людей у переході, помах крила комахи.

Стислий опис проєкту

За часів печерних людей доля не мала певного вираження. Однак вона відчувалася, і завжди було так, що представники одного роду постійно поверталися з походів живими, а іншого – постійно приходили з каліцтвами. Спостерігаючи, що всі роди в однакових умовах, печерні люди й вигадали, що є якесь божество, яке саме визначає, як і куди рухаються життя людей того часу. У стародавніх греків було божество, яке стояло навіть вище Зевса – Зевс-Зен.

Наприклад, Есхіл говорив, що Зевс-Зен керує Долею. У грецькій драмі, як у напрямі і своєрідному відображенні Елевсінських містерій, часто говорили про загадковий принцип Долі, що керує всім у світі. Наприклад, у творі Есхіла «Прометей прикутий» був такий момент: розіп'ятий бог запитав: «Чому ви робите це зі мною?» Таємничий голос з далеких висот, над Олімпом і над самим Зевсом, що дійшов до Прометея через Гермеса — вісника, бога Мудрості, — відповів: «Тому що так хоче Доля, бо це Доля...»

Якщо подивитися на міфологію, фольклор і казки, видно, що у всіх народів так чи інакше була доля, що була навіть вище будь-якого персоніфікованого божества. Є якийсь, загадковий, містичний, таємний принцип Долі. І далеко не завжди він був втілений у якусь форму.

- У давньоєврейській Кабалі це було Ain Soph (Ейн-Соф), «Ніщо». Знову та сама історія: Ain Soph на вершині Корони та він управляє всім. Він має імпульс, який мчить з висот, щоб дістатися до нашого світу. А в нашому світі

все явлене набуває форми тоді, коли завдяки йому «зіштовхуються» деякі сили, енергії та матерії.
- У міфах і сказаннях Стародавньої Індії в пантеоні є істота, яка знаходиться за межами раціонального, інтелектуального розуміння. І її теж звуть Долею.

- Те саме в пантеонах Стародавньої Америки і Стародавнього Китаю: завжди згадується вище божество без імені та атрибутів, що представляє Долю, яку не вблагати й ніяк на неї не вплинути.

Є багато теорій про долю, величезна кількість різних векторів, за якими вивчають її, – від релігійного до прагматичного. Багато різних пояснень, чому вона існує і яке місце займає людина в цьому співвідношенні.

Як із різних боків можна розкрутити те, що відбувається з конкретною особистістю щодо долі. Але ж наше завдання — розібрати саме концепт долі.

Усне виявлення

Це коли ми психологічно заспокоюємо себе. Коли переконуємо себе чи інших, що щось погане чи добре сталося, бо це доля. «Я подав запит до Всесвіту», «Мені допомогли вищі сили» — усе це історії про усний концепт долі. Або, навпаки, заперечуємо усно вплив долі на наш успіх і на противагу цьому говоримо про те, що тільки самотужки, завзятістю і кмітливістю змогли цього досягти.

Фактичне виявлення

У записаних молитвах, у поклонінні, в атрибутах. У вірі в те, що деякі речі можуть вплинути на сприятливість результату в задуманій справі. Наприклад, талісман на успіх у справах, «заговорений» місячний камінь на те, щоб переговори пройшли успішно. Навіть релігійний момент. Коли люди поклоняються божеству і йдуть до нього з запитом чогось доброго. А ще, щоб сім'я не захворіла, щоб шлюб був вдалим та щоб поле колосилося.

Авторський аналіз

Пам'ятайте, що який би ми концепт не розглядали, завжди беремо до уваги піраміду бренду й час від часу до неї звертаємося. Важливо відразу розуміти, що піраміду бренду ми тут використовуємо не за етапами сприйняття долі, а за тими етапами, як людина в неї вірить.

Віра в те, що доля не є однозначною. У самому низу цієї піраміди знаходиться людина, яка нічого не вирішує сама, не бере відповідальності за свої діяння та бездіяльність. Виправдовує будь-яку подію тим, що так вирішено долею.

А ось на найвищому рівні знаходилася б та людина, яка

сміла стверджувати, що сама все вирішує. Що всі її дії та бездіяльність призведуть до чогось, і вона готова відповідати за ці наслідки. А тепер помістимо наші іпостасі долі в піраміду:

Перша (найнижча) — Розподільник

І у ній немає логіки. Просто як пощастить. Одним доля приготувала райське життя, іншим море випробувань. І незрозуміло, чому саме так. Від людей, які вірять у такий всесвітній розподіл, часто можна почути: «Така моя доля».

Друга — Суддя

Усе залежить від попередніх втілень. Якщо в попередньому житті людина поводилася погано, грішила, то в наступному бути їй невдахою і терпіти біди.

Третя — Режисер

Класика: життя – гра, ми всі актори. І знайомимося з певними людьми не просто так. Це про силу взаємодії та подій.

Те саме належить до третьої — Гравець

Це про тих, хто вірить у везіння. Колесо фортуни може крутитися, як завгодно. Людина може опинитися в такій ситуації, яка змінить її долю дуже круто. Про таких кажуть: опинився в потрібний час у потрібному місці.

Четверта — Позичальник

Людині дають якийсь талант. І саме від того, як вона цим розпорядиться і залежить її життя.

П'ята (вища) — Король життя

Це та людина, яка знає і твердо впевнена, що все залежить тільки від неї. І навіть якщо якісь обставини впливають на її успіх, вона знайде інші обставини, які сприятимуть її успіху.

Власне все те, що нам не подобається в концепті. Те, що потім дасть поштовх до його покращення.

Що нам не подобається в Долі? Людина може віддати своє життя в ім'я усного втілення концепту Долі. Просто фанатично в це повірити.

1. Використовуючи Долю, можна керувати масами, залякуючи їх.

2. Ти можеш переконати будь-яку людину в тому, що вона невдаха, без суттєвих аргументів.

3. Можна маніпулювати фактами, виправдовуючи все долею та її впливом.

4. Іноді достатньо викликати в людини активну фантазію, просто змусивши її повірити в існування Долі.

5. Якщо ти вже віриш у Долю, то твої руки скуті щодо сміливих дій.

6. Людина, яка покладається на Долю, може прожити життя дарма, тому що чекає весь час знаків долі, а сама нічого не робить.

Беремо різні типи людей, які стикаються з цим концептом та взаємодіють по-різному. І намагаємося зрозуміти, як ці люди дивляться на концепт зі своїх позицій. Намагаємось десь виправдати кожну сторону, десь засудити, десь знайти середнє їхнє бачення.

Той, хто вірить, що все залежить від Долі

- Живе за таким принципом. Постійно шукає знаки долі. Постійно всім доводить, що, лише задовольнивши долю, можна досягти успіху. Вірить, що все в руках вищих сил, не відчуває відповідальності за те, що робить повною мірою. Якщо щось не виходить, каже: «Ну не доля» – і просто забуває про це. Якщо щось виходить, дякує долі за те, що отримав. Сприймає зустрічі не як можливість, а як знак долі. Адже хтось вищий звів двох людей.

Той, хто вірить лише у власні сили

- Від цієї людини рідко почуєш, що вона вдячна долі. Вона вважає, що тільки її старанність, праця, природна харизма, навички сприяли тому, що вона досягла результату. Вона не вірить, що зустрічі не є випадковими. Вона знає, що якщо їй потрібна якась людина в оточенні для досягнення успіху, то можна знайти ключ до того, щоб нею заволодіти. Це людина смілива й знає ціну свого успіху. Часто вона може йти по головах і стверджувати, що ціль виправдовує засоби. Але тільки тому, що повністю готова нести відповідальність за свій вибір і розуміє наслідки своїх рішень і дій.

Якщо досліджувати долю у більш сучасному ключі, то це взаємодія двох і більше суб'єктів між собою для досягнення певної мети. І не обов'язково безпосередньо. Наприклад, для того, щоб хтось купував склянки, хтось повинен їх виробляти. Другий, будучи власником заводу, точно сприяє викиду в атмосферу відходів. І вони обидва через це можуть захворіти на якусь погань. Але тут справа не в долі, а в наслідках власної діяльності. Причому обох. Адже попит народжує пропозицію. І хоч приклад про двох, але він так само може бути спроєктований на кілька мільйонів.

Нейронні історії

Беремо суміжні концепти й поєднуємо їх
Машина. Медицина. Кулінарія.

Доля і машина. Можна з'єднати в концепт, наприклад, машину, яка бере відповідальність за вашу долю на себе. І вона не просто змінює вашу долю, але змінює її на краще.

Доля і медицина. Усе-таки доля здоров'я людини залежить від показників нашого тіла, на який можемо впливати ми й медична. Медустанови займаються тим, що спочатку роблять діагностику, тому вони можуть передбачити долю нашого організму й дати нам можливість змінити її.
Якщо в цьому є потреба. Можна запобігти тому, що може сприяти несприятливому результату. Така собі доленосна діагностика.

Доля і кулінарія. Добре підходить гра з долею, але в галузі кулінарії. Наприклад, гра зі стравою. Страва з ризиком. Коли ти їси якусь штуку, яку потрібно правильно приготувати, і хоч ти й упевнений у тому, що кухар суперпрофі й просто ніяк не міг помилитися, завжди є ризик того, що щось пішло не так. І навіть у повноцінній безпеці залишається той елемент гри, який уже робить страву не просто їжею, а чимось набагато цікавішим з приправою ризику й страху.

І тут ті, хто звик надіятися на Долю, точно будуть радіти й говорити, що якщо вже хтось і отруївся, то це точно була воля Долі. Один з таких прикладів – страви з риби фугу. Така виходить кухня з ризиком.

Через посилення негативу

Цей процес запущено давно. З того моменту, коли люди посилили негатив долі тим, що стали вмирати заради того, у що вірять. Вони виправдовують це тим, що доля їм накреслила якесь місце після смерті й тут їх нічого не тримає. І це не про факти чи аргументи, це про сліпу віру в щось. Вони готові вбивати один одного за те, у що вірять. Жінки, які змирилися з тим, що ніколи не зможуть учитися та освоювати професії нарівні з чоловіками, бо так вирішила їхня доля. Поки що цю інновацію ніхто не в змозі завершити. Адже, щоб це зробити, потрібно «розвінчати міф».

А цього робити не береться ніхто. Адже міф про долю настільки гіперболізований, настільки щільно вплівся корінням у світогляд людей, що мине ще багато років, перш ніж це все можна буде викоренити або навіть просто подивитися по-іншому. Тут навіть дебати не підійдуть. Це має бути потужна й навіть агресивна компанія від навчання до розважальних заходів. Щоб навчити людей сумніватися, думати, аналізувати тощо.

Через зворотний булінг

Основними гравцями на сцені будуть ті, хто вірить, що Доля всім заправляє, і ті, хто впевнений, що самі люди та їхні дії можуть на щось вплинути. Ті, хто впевнений, що нічого не вирішують. Ті, хто впевнений, що вирішують усе. І ті, хто начебто й думають, що все вирішують, але запити у Всесвіт все-таки надсилають. Це можуть бути релігійні фанатики та агности. Це можуть бути ті, хто впевнений, що світом править Вищий розум, і ті, хто собаку з'їв на тому, щоб переконати всіх у єдиній правильності теорії еволюції. Це можуть бути і звичайні віряни, які й самі здатні все робити, і моляться, коли вже дуже важко чи не можуть нічого пояснити. Що ми можемо зробити? Наприклад, у школі відкрити класи, клуби дебатів, ток-шоу. Там кожен зможе озвучити свої аргументи, а всі інші робитимуть висновки. Головне не сприймати одну позицію як єдино правильну, а піддавати сумніву все. Чим більше аргументів, тим більше можливостей іншим побачити різні парадигми долі та змінити сприйняття долі.

Через ефект дива та колаборацію

Ця інновація неможлива без дій людей. Такий парадокс долі через цю інновацію. Тому що, якщо ми самі зробимо щось, і люди ніяк на це не впливатимуть — ми тільки підтвердимо, що від них нічого не залежить і все вирішено долею. Адже саме вона все обернула так, що диво сталося. Але ми можемо скористатися тим, що людина щось робить, щоб досягти результатів, і показати це в такому світлі, що ось він сам робив перше, друге і третє, – і отримав результат. А в чому диво? Диво саме в тому, що людина пересилила долю, зробила якісь дії і змогла отримати результат без особливого успіху, без зв'язків. Просто взяла та зробила. Дуже часто таку історію використовують різні коучі та тренери, спікери й ті, хто допомагає людям досягти мети. Вони просто показують приклад іншої звичайної людини, яка завдяки зусиллям досягла результату.

А якщо зусилля в цій історії ще й поєднати з місцевою владою, то вийде чудовий приклад колаборації. Влада висвітлюватиме такі кейси на громадському рівні, щоб якомога більше людей перейнялося і зрозуміло, що можуть впливати самі на свою долю.

Вони можуть навіть впроваджувати це в процес навчання, наприклад, за допомогою різних майстер-класів для учнів старшої школи. Позиціонувати це так, що чим раніше ти візьмеш у свої руки свою долю, тим швидше й тим чудовішим буде результат.

Через покращення репутації

Основна теза тут у тому, що не можна повністю скидати з рахунків долю. Уже у світі існує думка, що насправді не доля всім керує, а існують ордени та таємні клуби тих, хто вирішує, кому ким бути, скільки людей і де працюватиме.

Саме такі таємні володарі світу можуть мати технології та техніки, про які простий народ навіть не підозрює. Використовувати їх для того, щоб маніпулювати свідомістю людей. Примушувати купувати конкретні продукти в конкретний час. Заробляти гроші, щоб витрачати їх на конкретні потреби. Ці люди можуть штучно створити що завгодно – від голоду до достатку. І вони стоять біля керма й керують, як маріонетками, звичайними громадянами.

Однак залишимо теорії змов. У цьому ключі саме доля допомагає людям не повірити повністю в такі історії. Адже перед долею всі рівні, і якщо така прихована влада дійсно існує, то так само доля може негативно вплинути й на цих володарів: вони можуть важко захворіти, втратити свій статус або вплив через незалежні від них причини, можуть вибути з гри та їх місце може зайняти хтось із народу. А тому, що доля його така.

Через руйнування

Як повністю знищити той момент, що за нас вирішує все доля? Як довести це до абсурду? Наприклад, може бути щоденник, де все розписано покроково. Усе твоє життя і твоя доля просто чорним по білому на папері. Варіації твоїх дій та вчинків і до чого вони приведуть. Наслідки твоєї бездіяльності — і що з цього вийде.

Ти отримуєш цю книгу й просто дивишся, що буде, якщо ти зробиш так чи інакше. Звичайно, вона буде величезною з урахуванням усіх можливих варіантів розвитку подій. Але вона повністю заперечить фактор випадковості та фактор того, що доля може на щось вплинути. Яка доля, якщо вже є готовий сценарій і все відбувається точно, як описано в цій книзі. Також це може бути не книга, а комп'ютер, у який ти вносиш свої дані, і він показує тобі, що буде далі.

І так усе життя. Якщо вранці вип'єш сік – значить поїдеш на роботу автобусом. Якщо вранці вип'єш каву, поїдеш на роботу на машині друга. І таких ланцюжків буде безліч. Просто комп'ютер буде видавати тобі результат, відразу ж проаналізувавши твій вибір. І все, більше ніяких несподіванок і ніякої долі. Тільки розуміння того, що ти одержав саме те, що вибрав сам.

Які висновки ми можемо зробити?

Найголовніше, що важливо винести з розбору концепту долі — не можна сподіватися на щось одне. У світі багато прекрасного, що наш мозок в змозі зрозуміти й проаналізувати. Але в той же час у світі є стільки незвіданого й такого, про що ми, імовірно, навіть подумати не можемо. Але саме концептологи та їхня природна властивість сумніватися у всьому допоможе в майбутньому робити нові приголомшливі відкриття в різних сферах. Навіть тих, що здаються поки що у всьому незбагненними.

§9

ECONOMIC CONCEPTS

Економіка зараз – це одна з тих сфер, завдяки яким світ існує в сучасному вигляді. Однак мали б пройти не просто десятиліття, а століття, щоб світовий економічний лад оформився в різні глобальні концепти. І будь-яка фінансова ідея, інвестиційний проєкт або винахід спираються на базові економічні концепти, які стоять біля витоків світової економіки.

Спочатку розберемося, у чому суть економічного концепту. Його головне завдання — задовольняти потреби, запити та потреби людства, пов'язані з фінансовими явищами. Наприклад, коли ми йдемо в магазин, однозначно беремо з собою паперові гроші або банківську картку, адже ми не можемо купити без них те, що хочемо. Однак ми не замислюємося, як вони з'явилися, як світ дійшов до того, що сьогодні можна купити будь-який продукт, приклавши телефон або годинник до терміналу. Як так вийшло, що у нас протягом тисячоліть є якісь монети та папірці, які дають можливість купити будь-що, і чому це саме монети чи папірці.

А якщо взяти сам магазин? Як так вийшло, що ми приходимо в маркет і він має саме такий вигляд, що в нього потрапляють саме такі продукти й саме цих постачальників. Якщо копнути вглиб, навіть поява звичайного магазинчика біля вашого будинку або навіть лотка з овочами та спеціями на ринку - усе це злагоджена робота економічних концептів. Вони розвивалися і продовжують розвиватися.

Економічні концепти так само, як і дослідницькі або філософські, можуть включати кілька промислових або складатися з них. Водночас поява одного економічного концепту обов'язково дає поштовх для розвитку іншого. Наприклад, якби світові не треба було вигадувати гроші, то не з'явилися б і цінні папери, фінансові біржі, акції, торги, трейдинг та навіть криптовалюта.

А якби люди не почали домовлятися про обмін різними товарами, то в результаті не з'явилися б спільні базари та ярмарки різних селищ, а далі не було б і сучасних супермаркетів, фінансових ринків, альянсів торговців, банків та різних фінансових організацій.

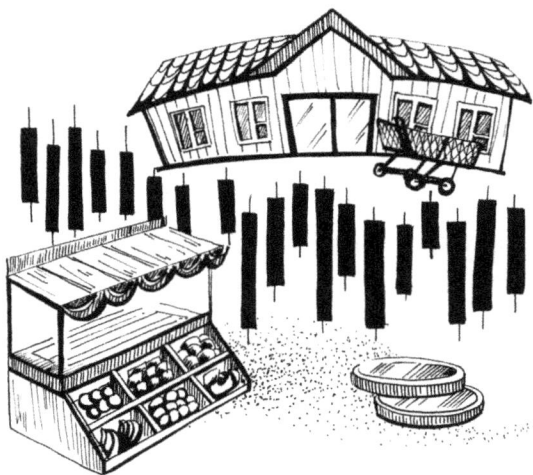

Усі названі концепти — результат двох процесів: необхідність у задоволенні якоїсь потреби (як і всі інші концепти) та в необхідності глобального регулювання того, що вийшло. Що це означає? Якби гроші існували самі по собі в тому первозданному вигляді, у якому їх придумали, то досі країни користалися б тим, що легко підробити, що швидко ламається і можна легко добути. Ми б досі не могли купити те, що є в мешканців інших країн. Не могли б вільно подорожувати світом і не могли б отримувати щось, що винаходять і вигадують не в тій країні, де ми народилися.

Адже навіть експорт та імпорт – ці явища також є економічними концептами. Причина проста: ці концепти з'явилися завдяки тому, що є певні економічні потреби. Отримати товар або налагодити торговельні відносини з іншою країною, отримати прибуток для себе або привернути увагу тих, хто зможе дати гроші на розвиток вашого бізнесу. І не важливо, ви – глава держави або ви – власник приватного бізнесу. Тут діють однакові принципи.

Економічні концепти та маніпуляції

Дуже часто будь-який економічний концепт буде тісно пов'язаний із маніпуляціями чи спекуляціями. Наприклад, існування Світового Банку – саме собою явище, яке практично неможливо зробити чесним і прозорим. Тому що все одно ухвалює рішення група людей. Чи той самий принцип кредитування? Незважаючи на те, що в сучасному світі більшість цих процесів покладається на комп'ютерні алгоритми, для багатьох це в результаті виявляється максимально несправедливим і об'єктивним процесом.

Хто вигадує кредитні ставки? Чому вони такі? Чим зумовлені терміни виплати відсотків? А чому запаси Світового Банку належать приватникам? Чому державний резерв тієї чи іншої країни залежить від групи багатих сімей? Мислення концептолога, яке сформується у вас після прочитання цієї книги, допоможе вам розібратися у всіх таких питаннях. Бачити причинно-наслідковий зв'язок, аналізувати те, що вам транслюють новини й найрізноманітніші інформаційні осередки та інше.

Навіть у побуті ви зможете використовувати цю інформацію і станете краще розуміти, як можуть маніпулювати вашою свідомістю величезні корпорації, використовуючи найактуальніші економічні концепти. Далі ми розглянемо з вами конкретні приклади, щоб ви склали цільну картину й могли самі розібрати практично будь-який економічний концепт.

§9.1 «Газетку та туфлі до блиску!» Куди зникли чистильники взуття та продавці газет?

Взуття – це звичний елемент гардеробу, без якого важко уявити сучасне життя. Якщо подивитися на зображення людей кам'яного віку, навіть вони мали якусь подобу взуття. Хоча в спекотну пору року просто хизувалися босоніж, збиваючи ноги об каміння і дрібні піщинки. Але з настанням холодів люди вже не могли обходитися без взуття. Тому спочатку обмотували ноги товстими шкурами тварин і зав'язували їх саморобними шнурками. Е. Трінакус, історик з Університету Вашингтона в

Сент-Луїсі, стверджує, що перший прототип сучасного взуття з'явився близько 6–30 тис. років тому в Євразії.

Пізніше вже й форма стопи людей тих часів почала деформуватися. Вчений зробив висновок, що таке могло статися через тісне взуття, яке тоді носили. Люди збагнули, що коли їхні ноги в щось взуті, це зручно, комфортно і набагато безпечніше. З цього моменту взуття отримало потужний поштовх для розвитку. І разом з тим, як воно змінювалося, у його власників народжувалися нові потреби. Однією з таких стало чищення взуття, що згодом переросло в цілий феномен та дало роботу багатьом людям.

«Агов, хлопче, а начисть- но мені туфлі»

Навіть з огляду на те, що вже багато тисяч років ходили не босоніж, масовий попит на тих, хто чистив взуття, виник у XVIII столітті. Послугами чистильників в основному користувалися чоловіки. Жоден джентльмен, що поважає себе, не міг вирушити на зустріч або бал, якщо його черевики не були натерті до блиску. Обов'язково чоловіче населення та хлопці з вищих верств відвідували профі з черевиків. Що цікаво, на початку ця професія була пов'язана з дитячою працею. Молоді хлопці, щоб допомогти сім'ї та підзаробити на свої потреби, пропонували перехожим натерти їхнє взуття.

Найчастіше — багатим і видним панам, які поспішали в справах. Багато безпритульників не гребували таким заробітком. Адже так шибеники могли заробити чесною працею, а гроші їм були потрібні не менш за інших. Хоча багато за це не платили, а робота була не найлегшою, за день послугою могли скористатися близько 100 людей.

Як відбувалося чищення взуття

Зазвичай, людина сідали в спеціальне крісло, на стілець, але іноді процедуру проводили стоячи. Ногу ставили на спеціальну дощечку та фіксували. Далі спеціальною щіткою змітали пил і вуличний бруд. Потім навколо ноги в черевики ставили картонки. Робили так, щоб не вимазати шкарпетки. На взуття наносили крем, гуталін, воскову суміш та втирали це. За кілька хвилин полірували до блиску та скрипу. Остаточні штрихи наносили оксамиткою. Після цього ритуалу людина йшла геть і в блискучому взутті. Найчастіше чистильників взуття можна було зустріти біля будівель, які відвідували багато людей. Також у місцях, де важливо було перебувати «при параді»: на площах, ринках, поблизу держустанов. Людям настільки полюбилися чистильники взуття, що багато хто перетворив похід до них на традицію.

Знавці всього на світі

А ще чистильники взуття були обізнані про все. Адже їх клієнтами були різні люди, яким хотілося поговорити, поки йде процес. А тямущі хлопці збирали інформацію, мотали на вус і вбирали новини, наче губка.

Є навіть одна легенда, яка розповідає про те, що якийсь мультимільйонер буквально за пару годин до чергової кризи на біржі скинув акції компаній-аутсайдерів. Його відразу запитали, як же він зміг вгадати, яких активів потрібно позбуватися. І він звинуватив у цьому вуличного хлопця: «Нещодавно він сказав мені, що купив акції залізничних компаній. Уявляєте, чистильник взуття! У цей момент я і зрозумів, що раз на біржу йдуть такі хлопці – на часі виводити капітал».

А чим займатися, поки тобі чистять взуття?

Імовірно, говорити із чистильником. Ну а якщо ти не любиш точити ляси, то читати. А що читати? Звичайно ж, газети. Тим більше, коли з усіх усюд розносяться дзвінкі голоси хлопчиків, які вигукують заголовки новин. Продаж газет на вулиці — це було друге популярне заняття, яким заробляли молоді хлопці. І багато з них навіть не вміли читати, але добре знали, про що розповість сьогоднішня газета. За часів розквіту друкованої періодики (приблизно середина XVII ст.) газети активно продавали. Але тоді їх можна було звичайно придбати лише в кіоску або магазині. Але набагато зручніше, коли ти взяв газету просто дорогою, нікуди не заходячи і не витрачаючи часу.

Продавати газети було круто

Вважається, що першим газетярем був хлопчик 10 років. Звали його Барні Флаерті, і він був прийнятий на роботу 1833 року. Хлопчик просто відгукнувся на оголошення: «БЕЗРОБІТНИМ – урівноважені люди можуть знайти роботу, поширюючи цю газету». Хлопчак щоранку приходив до газетної точки, брав певну кількість газет і продавав їх перехожим. Барні був першим хлопчиком, якого взяли саме на роботу газетяра. Тобто це було офіційно, законно та оплачувано, як і будь-яка інша робота. Пізніше продаж газет набув нечуваної популярності в усьому світі.

У Сполученому Королівстві, США, Канаді, Австралії, Новій Зеландії, Ірландії та навіть Японії. Усе тому, що ця робота стала першою оплачуваною та доступною для хлопців-підлітків. Так вони могли мати свої кишенькові гроші й займатися корисною справою, а не тинятися вулицями. Іноді продавцями газет були й дівчатка, але найчастіше це було суто хлоп'яче заняття. Що цікавого, газети продавали не лише на вулицях та площах. Крім гучного оголошення заголовків і закликання купити свіжу пресу, одним із завдань продавця газет було поширення їх за певним маршрутом додому та в офіси. Пішки або за допомогою велосипеда. Так підробляли підлітки до школи або після неї.

У сучасному світі обидві ці професії практично вимерли

На зміну ручній праці чистильників взуття прийшли машинки, що чистять, і губки для взуття, просочені спеціальним складом. Утім, цих хлопців ще можна зустріти в країнах Азії та Латинської Америки, Афганістані, Індії і навіть в Албанії. А продавців газет ви можете побачити практично в будь-якому місті, наприклад, біля станцій метро. А якщо не їх, то автоматичні скриньки, звідки, закинувши кілька монет, можна отримати газету. Але це радше данина традиціям, ніж необхідність. Тому що з появою інтернету та гаджетів можна легко отримати доступ до будь-якої інформації.

Стислий опис проєкту

Навіть враховуючи, що вже багато тисяч років люди не ходили босоніж, масовий попит на тих, хто чистив взуття, виник у XVIII столітті. Послугами чистильників переважно користувалися чоловіки. Жоден джентльмен, що поважає себе, не міг вирушити на зустріч або бал, якщо його черевики не були натерті до блиску. Обов'язково чоловіче населення і хлопці з вищого суспільства відвідували профі з черевиків.

Працювали здебільшого молоді хлопці, щоб допомогти своїй сім'ї та підзаробити на свої потреби, пропонуючи перехожим натерти їхнє взуття. Найчастіше — чистили взуття багатим і видним панам, які поспішали в справах. А що робити, поки тобі чистять взуття? Імовірно, говорити з чистильником про те, які чутки ходять чи щось читати. А що читати? Звісно ж, газети. Тим більше, коли з усіх усюд долинають дзвінкі голоси хлопчиків, які вигукують заголовки новин.

Продаж газет на вулиці — це було друге популярне заняття, яким заробляли молоді хлопці. І багато з них навіть не вміли читати, але добре знали, про що розповість сьогоднішня газета. За часів розквіту друкованої періодики (приблизно середина XVII століття) газети активно продавали. Однак тоді їх можна було придбати тільки в кіоску чи магазині. Адже набагато зручніше, коли ти взяв газету просто дорогою, нікуди не заходячи і не витрачаючи часу. У сучасному світі обидві ці професії практично вимерли. На зміну ручній праці чистильників взуття прийшли машинки, що чистять, і губки для взуття, просочені спеціальним складом. Утім, цих хлопців ще можна зустріти в країнах Азії та Латинської Америки, Афганістані, Індії і навіть в Албанії.

А продавців газет ви можете побачити практично у будь-якому місті, наприклад, біля станцій метро. Але це більше данина традиціям, ніж необхідність. Молоде покоління навряд чи взагалі знає про те, що існували такі професії. Адже складно уявити сучасній молодій людині, як це, коли взуття тобі чистять чи хтось біжить із газетою до тебе назустріч.

Усне виявлення

Це якась річ, яка допомагає нам швидко отримати потрібну інформацію. Відсортувати її та вирізнити те, що необхідно саме нам і саме зараз. Людині потрібно донести важливу інформацію, передати емоції про поточний перебіг подій і ще це часто потрібно зробити для людини, яка знаходиться далеко. Сарафанне радіо — теж приклад усного прояву.

Стосовно чищення взуття, то тут усне виявлення в тому, що потрібно отримати чисте взуття і не витрачати на це багато часу. Може бути і декоративне усне виявлення (чисте взуття красивіше, ніж брудне). Усне виявлення у вимогах дрес-коду та протоколу, які зобов'язують бути в начищеному до блиску взутті.

Говоримо про те, що в нас зараз є і було раніше. Це спеціально навчені поштові голуби, які приносили новини. Це гінці, які доставляли згортки своїм повелителям. Це поштові розсилки та підписки на газети. Це месенджери з каналами новин.

Це й спеціальні сайти, де публікують лише новини. Це машинки для чищення взуття, різноманітні засоби захисту від бруду, навіть спеціальні чохли на взуття, які надягають тоді, як у місті негода. Це навіть можуть бути спреї для вологозахисту або креми від пилу.

Авторський аналіз

Ці обидва концепти існували паралельно. Вони були взаємодоповнюваними і водночас самостійними.

Складно провести авторський аналіз для концептів, які вже віджили себе. Але ми все одно спробуємо. **Потреба отримати інформацію та чисте взуття нікуди не пропадала. Як люди зараз її задовольняють?**

- Існують спеціальні фірми та компанії, які займаються хімічним чищенням взуття. Вони позиціонують себе такими, що можуть очистити геть усе. Навіть якщо на ваших улюблених конверсах бруд тримається ще з 2007-го.

- Фірми розробили спеціальні розчини, які відштовхують вологу та бруд. Таким чином вони взагалі звели нанівець необхідність чистити взуття.

- У багатьох готелях і зараз є машинки, куди просто засовуєш взуту ногу, а механізм зі щітками починає діяти від натискання кнопки й очищує взуття.

- Що ще може бути? Можливо, у майбутньому взагалі не буде потреби чистити взуття. Будуть наноботи, які можна засипати в кросівки, і вони очистять їх за 2 секунди.

- Щодо газет, то існує багато різних варіантів. Від каналів новин в улюбленому месенджері до діджитал-варіацій глянсових журналів.

- Ідея, яку ми бачимо у фільмах про Гаррі Поттера, – теж інтерпретація того, як у сучасному світі подають і передають інформацію. Адже подумати тільки, ми ж дійсно беремо в руки планшети й читаємо новини з картинами, що оживають, тільки називаємо їх відео- або гіфанімаціями.

Шляхи розвитку концепту

Як же можуть розвинутися концепти, які практично віджили себе й залишилися тільки у форматі старих добрих традицій або деяких кастомізованих історій? Якщо говорити про передачу актуальної інформації – ігри, музика, графіка, можна виходити далеко за межі звичайних месенджерів. Наприклад, можна уявити існування таких віртуальних офісів, де все створене в доповненій реальності.

Це для тих, хто може нудьгувати за офісними буднями, але не готовий витрачати час на дорогу. Як це виглядає? Ти одягаєш окуляри доповненої реальності та потрапляєш у світ, де все облаштовано, як у офісі. Можеш навіть переходити з кабінету до кабінету, спілкуватися наживо. Створити власний образ-аватар, який буде живим у віртуальному світі. Виконувати ті ж дії, що й ти, переймати твої звички...

І такий формат може бути не лише буденним. Його можна повернути й у площину відпочинку. Уявіть, що для того, щоб поговорити з другом, який знаходиться на протилежному кінці світу, достатньо просто зайти в програму, підключити аватар і все. Співайте пісні біля вогнища, розмовляйте, дивіться на зірки всією тусовкою. І передавайте інформацію один одному.

Якщо говорити про шлях розвитку служби чистки взуття, можна припустити лише те, що ми взагалі перестанемо використовувати взуття в тому вигляді, як воно є зараз. Відповідно й чистити потрібно буде зовсім по-іншому. Наприклад, це може бути плівка, що самоочищається, яку просто можна розбризкати на взуття.

Вивчення парадигм

Беремо різні типи людей, які стикаються з цим концептом та взаємодіють по-різному. І намагаємося зрозуміти, як ці люди дивляться на концепт зі своїх позицій. Намагаємось десь виправдати кожну сторону, десь засудити, десь знайти середнє бачення.

У цьому випадку ми можемо говорити тільки про концепт передавання інформації	
Того, хто приймає інформацію	• Хоче, щоб інформація надходила швидко • Хоче швидко знаходити потрібні теми • Хоче одержувати правдиву інформацію • Хоче одержувати інформацію незалежно від місця перебування • Хоче, щоб інформація не потрапляла в спам, а приходила туди, куди йому необхідно • Не хоче чекати, поки прогрузяться великі обсяги інформації
Того, хто надсилає інформацію	• Не хоче перейматися про те, що

	адресат одержить не те, що йому надсилали
	• Не хоче турбуватися про те, що важливу інформацію можуть перехопити
	• Боїться, що інформація втратить актуальність, поки дійде
	• Боїться помилитися, і інформація піде не на того адресата

Вразливі місця концепту

Що нам не до вподоби в чищенні взуття та передаванні інформації?

1. Те, що інформація надходить неправдива.

2. Те, що треба довго очікувати задля одержання потрібного обсягу інформації.

3. Щоб одержати те, що хочеш, потрібно довго шукати й пробувати різні запити.

4.   Іноді ти пам'ятаєш лише якісь уривки чи мотив (наприклад, пісні), але цього недостатньо, щоб знайти те, що хочеш.

5.   Потрібно використовувати складні ключі шифрування, щоб передавати таємні послання.

6.   Для того, щоб чистити взуття, потрібно витрачати час та фізичні зусилля.

7.   Не завжди можна одним засобом очистити весь бруд.

8.   Потрібно витрачати час і гроші на спеціальні хімчистки взуття, і це не завжди зручно.

9.   Деякі забруднення неможливо відчистити взагалі. Доводиться або купувати нове взуття, або повністю реставрувати старе.

Нейронні історії

Беремо суміжні концепти та їх поєднуємо.
Дерево. Натовп. Газети. Чищення взуття.

Дерево-Газета-Чищення взуття
- Можна вигадати спеціальну службу таких дерев-поштоматів, які передають посилки.

- Дерево з екраном, яке працює на природній енергії. І в будь-який час можна дізнатися на такому екрані потрібну інформацію, просто подавши запит.

- Сама ідея лісу з деревами є прототипом певної мережі, що передає інформацію. Її можна розділити та умовно зобразити у кількох рівнях. Наприклад, гілки – це одна система інформації, з дрібними меседжами. Листя – точкові короткі повідомлення. Стовбур дерева – це великий масив даних, об'єднаних між собою, а коріння – система, яка все це підтримує і живить.

Натовп-Газета-Чищення взуття

- Ідея передачі в масштабному варіанті може бути дуже цікавою. Усі ми знаємо про новорічну традицію таємного Санти. А уявіть, як було б добре організувати загальну всесвітню мережу таким чином. Людина отримує спочатку запрошення, потім за символічну плату оформляє підписку, складає свій вишлист і отримує вишлист іншого учасника. Таким чином можна обмінюватись інформацією.

Крім того, можна робити для іншого справжнє диво. І самому одержати приємний подарунок. Головне в цій історії – заздалегідь обговорити та узгодити середній чек витрат, щоб нікому не було прикро.

Через посилення негативу

А ось тут на вас чекає одкровення. Не обов'язково всі інновації повинні бути притаманні кожному концепту. І не варто ламати собі голову, як застосувати ту чи іншу інновацію. Адже часом відповідь лежить на поверхні, і вона дуже проста. У випадку зі застарілими концептами найчастіше відбувається так, що тут уже й посилювати нема чого. Оскільки концепт вже давно не використовують у його первісному вигляді, то й негатив тут посилити ми не можемо, оскільки має бути реальна історія, яку ми потім можемо використати. А оскільки її бути не може, то й посилювати тут нічого. І це є абсолютно нормальна історія.

Через зворотний булінг

Ми розглядаємо дві аудиторії, які булять одна одну. Вони дуже затято відстоюють кожен свою позицію, що є діаметрально протилежні.

Отже, ми могли б говорити про тих, хто ненавидить у цілому використання штучних носіїв інформації і віддає перевагу спілкуванню і обміну інформацією наживо. І тих, хто ненавидить живі розмови та вважає за краще текст передавати інфо.

Ті, хто любить спілкування наживо та їхні аргументи	Ті, що люблять спілкуватися засобом тексту та їхні аргументи
Наживо можна бачити емоції людини й розуміти, чи обманює вона.	Передавати інформацію через носії та месенджери швидше.
Живе спілкування заряджає енергією та допомагає краще зрозуміти емоції людини.	Не потрібно контактувати з неприємними тобі людьми й витрачати на них енергію.
Так мінімізується імовірність того, що інформація помилково потрапить не до того адресата.	Можна зафіксувати сказане та використовувати потім як доказ своєї правоти.
Можна не перейматися щодо безпеки доставки інформації, тому що все відбувається безпосередньо.	Можна зберігати в одному місці багато інформації різного формату для згодом (текст, фото, відео).

Пам'ятаєте, як у дитинстві ми всі приміряли на себе ролі вигаданих персонажів? Грали в улюблені мультики, уявляли себе Міккі Маусом чи Королем Левом. Та взяти хоча б традицію вбиратися на Хелловін та новорічні маскаради. А якщо ми вам скажемо, що це можна буде реалізувати.

Уявіть на секунду, що можна буде створити такий світ, у якому тисяча персонажів і повністю відтворені їхні характеристики. Це буде не просто персонаж (як у грі, де ви просто граєте за когось), це буде повноцінна особистість. Коли ви уявляли, як було б чудово вміти ганяти між хмарочосами, як людина-павук, або літати, як супермен, або ставати невидимим.

У цьому світі ви зможете спробувати та відчути все. І в такому ж ракурсі ви зможете обмінюватися інформацією. Можна створити спеціальну пошту для повідомлень, кімнати для інтересів. І це може повністю перевернути світ людського сприйняття і передачі інформації від людини до людини. І не тільки потішити вашу внутрішню дитину, але навіть зробити щось революційне, про що поки навіть подумати неймовірно.

Ми можемо зіграти на тому, що інший концепт робив це раніше, але ми зробили це крутіше. Наприклад, якщо раніше передавали інформацію в листах, які тримали в спеціальних коробочках, то ми можемо зробити так, щоб ці коробочки літали самі. А значить і в майбутньому він цілком може змінитися і перетворитися на таку конструкцію, яка просто ширяє в повітрі.

Для того, щоб покращити репутацію свого концепту, можна використовувати хорошу репутацію іншого концепту

Наприклад, раніше інформацію передавали тільки усно, потім з'явився папір і олівці, і інформацію стали переносити на папір. Потім з'явилися електронні носії інформації, і це дуже розбурхало світ, а далі передача інформації цілком може стати й чимось, що ширяє над головою, що не вимагає певних носіїв.

І це НОРМАЛЬНО. І це ЗАКОНОМІРНО.
Так само колись телефон з кнопками перетворився на сенсорний.

Через колаборацію

Ми створюємо симбіоз концепту з іншим концептом, покращуючи його функціонал, але не змінюючи щось категорично. Наприклад, можна розглянути колаборацію концепту передачі інформації через месенджери й додати туди змінений формат самого месенджера.

Коли там збирається багато інформації, яку потрібно там само зберігати, можна просто створити окремий гаджет, що містить усе, що потрібно. На зразок флешки, але з керованим екраном. Або, наприклад, з'єднати флешку та генератор паролів. Створити таку штуку, яка генеруватиме паролі та зберігатиме їх. Її можна буде зберігати окремо або причепити як брелок на ключі.

Дивимося, що є хтось, хто використовує концепт крутіше за нас, або так само, як ми. Ми беремо все, що знаємо про концепт, покращуємо та розвиваємо це комплексно. Це чистка взуття або передача нової інформації, які вже не схожі на свою першу форму. Спочатку ми його покращуємо до абсурду. Тобто це вже не хлопчики чистять взуття, а машини, що літають, які можна підкликати до себе клацанням пальця або спеціальним знаком. Або, загалом, голографічні зображення цих самих хлопчиків зі старовини. Щодо передачі новин, тут можна зробити так, щоб людина отримувала інформацію прямо в мозок, без носіїв.

На цьому чудовому розборі ми й завершимо нашу книгу. Головне, що ви мали зрозуміти після прочитання всіх сторінок, — це те, що концептологія – наука гнучка. У процесі роботи у вас з'являтимуться нові ідеї та відкриття. Обов'язково записуйте їх, фіксуйте, замальовуйте. Можливо, ви придумаєте якийсь новий формат інновацій, і їх потім будуть використовувати у всьому світі. Можливо, ви відкриєте у своїй діяльності щось таке, чого раніше не додумалися. І це буде чудово.

§10 REALIZING POTENTIAL

І все-таки професійним концептологом стане не кожен. От так розгортання останніх сторінок книги. «А що ви раніше не сказали? І що мені тепер робити, коли я вже все протестував, попрактикувався, вправи пройшов. Усе дарма? Є ще якісь підводні камені, про які варто дізнатися?»

Можливо, так ви й подумали. Але ні, не дарма. Хоча твердження правильне, не кожен, хто прочитав книгу й навіть попрацював з воркбуками (їх ви також можете знайти на нашому офіційному сайті або в інших онлайн-магазинах), насамкінець стане повноцінним концептологом. Але абсолютно кожен зможе винести з книги те, що йому буде необхідно в майбутньому для досягнення цілей. А найголовніше – це нові скіли в роботі з концептами. Як регулярно виявлялося протягом мого досвіду роботи в цій сфері та навчання нових студентів, багато людей спочатку книги навіть не знали до толку значення слова «концепт». Або трактували його досить ефемерно. І це абсолютно нормально. Адже будь-коли концептологія корисна кожному. Незалежно від сфери діяльності, амбіцій чи планів на життя.

Навіть якщо ви не плануєте заглиблюватися у вивчення концептів, робити це вашою основною роботою і тим, що вас годуватиме, усе одно ви отримали незамінний досвід, який не змогли б знайти, мабуть, більше ніде. Якщо ви не бездумно гортали сторінки, а робили вправи й намагалися усвідомлювати чи навіть обговорювати наш аналіз концептів, ви набули таких навичок та знань, які однозначно змінили вас і як людину, і як професіонала.

Концептолог ія — це історія про кроскорисність

Отримані навички ви можете застосовувати у своїй професійній діяльності. Наприклад, якщо ви працюєте з фінансами, то тепер зможете оптимізувати свою роботу, розклавши її на концепти. А пропрацювавши їх за моєю методикою, знайдете шляхи вирішення тих завдань, які раніше здавалися складними та нерозв'язними.

Можливо, ви придумаєте нову програму, яка спростить розрахунки, можливо, підкинете ідею розробникам у вашій фірмі, щоб вони написали такий софт, який допоможе витрачати на рутинні операції в підрахунках не 2 години, а 10 хвилин. Можливо, подивитеся на процеси в компанії під новим кутом і побачите всі стрибки та просідання, яких раніше не помічали. У цілому, якої б сфери не стосувалася ваша робота, – концептологія застосовується скрізь! Адже ви й самі простежили шлях через усю книгу.

Ми з вами разом уже розібрали кілька концептів з різних галузей. Так що вам заважає продовжити робити те саме у вашій сфері? З чим би ви не зіткнулися, яке б завдання перед вами не стояло – тепер у вас є цей потужний інструмент, який допоможе в його вирішенні.

Забігаючи наперед, скажу, зараз ви тримаєте в руках те, що в майбутньому стане вашим опорним конспектом у будь-якій діяльності. Навіть якщо через 10 років ви захочете кардинально змінити щось у житті (наприклад, працюєте зараз бухгалтером, а через час підете в дизайн), то зробити це вам буде набагато легше, ніж тим, хто не має в руках дієвого арсеналу концептолога. Ви зможете підвищити свій чек як фахівець, якщо знатимете, як вирішити якесь завдання декількома способами.

Ви зможете пропонувати альтернативні варіанти вашому керівництву або власникам бізнесу залежно від їхніх потреб та можливостей. Ви зможете знаходити рішення там, де інші будуть впадати в ступор. Ви зможете ділитися своїми навичками та навчати інших у своїй сфері. Ви зможете стати ментором і авторитетом для тих, хто тільки починає розвивати себе у вашій сфері та в розумінні базових навичок концептолога.

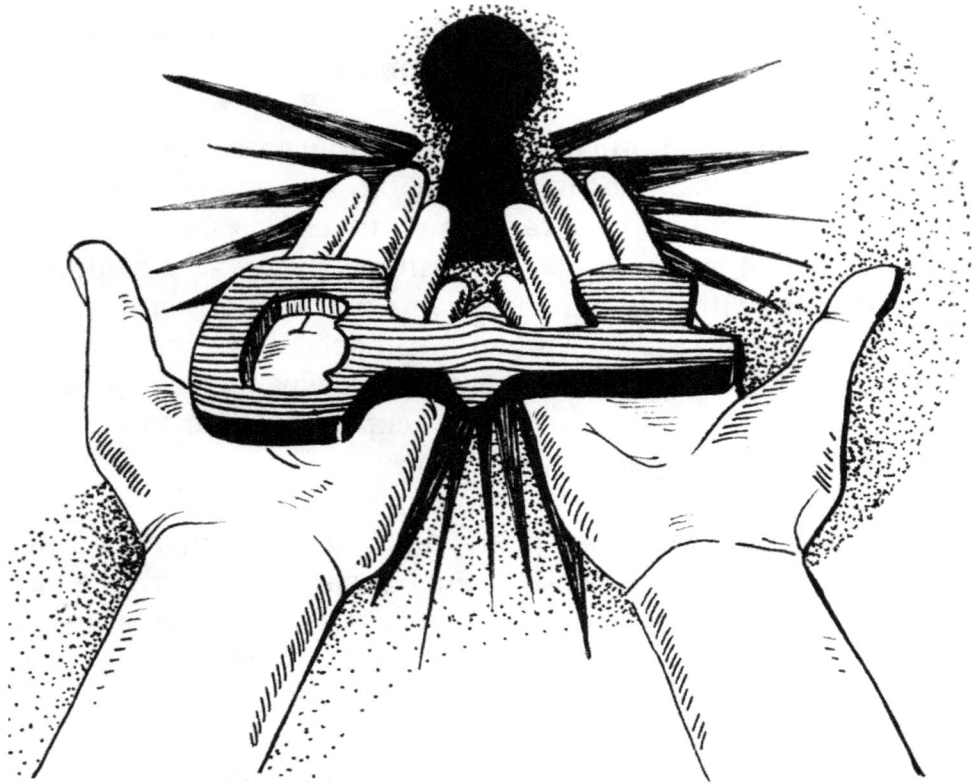

§10.1 Концептологія, як професія

Як далі розвиватиметься концептологія? Звичайно, книга - це не все. Це тільки початок. У нас також є сайт, присвячений підтримці та розвитку концептології. Там ви можете знайти наші воркбуки з опрацюванням різних окремих концептів (щоб ви могли сконцентруватися на тій сфері, яка вам потрібна і корисна), курси за різними рівнями підвищення кваліфікації концептологів та наукові публікації. Також під час написання книги в нас вже є сторінка в інстаграм, де ми регулярно ділимося цікавими концептами, а також маловідомими фактами про звичайні концепти, і я планую запуск ютюб-каналу, де ділитимуся з вами безкоштовною додатковою інформацією з цією сфери.

Я неодноразово говорив і говоритиму ще багато разів про те, що все, що ви винесли з цієї книги (і далі винесете з інших моїх ресурсів), — ви можете спокійно поширювати, використовувати у своїй діяльності, відправляти посилання на корисні дані, самостійно навчати інших, застосовувати на практиці у своїх бізнесах, використовувати як інструмент у поточній діяльності, зберігати й поширювати, записувати, пересилати тощо. Але тільки за однієї умови - обов'язково вказуйте першоджерело. Це не тільки завадить піратству у сфері інтелектуальних прав, але також допоможе нам підтримувати цілісність і достовірність інформації, що розповсюджується. А в такий спосіб це вплине на здоровий розвиток концептологічного ком'юніті та активного збільшення наших лав.

Я впевнений, що в майбутньому ми організовуватимемо різного роду конференції, зустрічатимемося і ділитимемося не лише своїм досвідом, а й досягненнями. А їх, напевно, буде дуже багато. А може, коли ви читаєте цю книгу, ми вже створили якийсь календар подій і регулярно проводимо семінари та конференції по всьому світу. Хто знає, можливо, саме зараз у руках тримає книгу той, хто надихнеться і зробить колосальне відкриття, яке змінить звичний нам світ. Наприклад, придумає, як найшвидше подорожувати між галактиками або як очистити світ від надлишку відходів.

І для такої людини я скажу, що не варто зупинятися на цій книзі й навіть на проходженні воркбуків. Більше того, не варто навіть зупинятися на семінарах або на тих курсах, які я готую паралельно з книгою. Якщо відчуваєте, що у вас горить вогонь концептології, то читайте суміжну літературу, розвивайтеся у знанні мов і світової історії, вивчайте гру на різних музичних інструментах, вчіться малювати й ліпити. Не зупиняйтеся на отриманих знаннях і горіть бажанням дізнаватися і пробувати все більше та більше.

І тим, хто вибрав шлях професійного концептолога, можу сказати, що ваш шлях не закінчується на вічному вдосконаленні скілів та наданні цих послуг різним бізнесам! Що вже говорити про статуси в соціальних мережах, де ви обов'язково вкажіть, що ви концептолог. Спочатку вам доведеться пройти шлях нерозуміння і, можливо, навіть неприйняття. Адже цьому поки що не навчають в університетах. Найпершим буде найскладніше. Але у вас в руках вже є готові ресурси, книга, матеріали та статті, соціальні мережі, уже наявне ком'юніти. Отже, вам буде легше, ніж мені було. А наступним буде легше, ніж вам. І буде легше ЗАВДЯКИ вам! Кожна інформація має етап звикання, і якийсь час займе в людства, щоб звикнути до існування цього наукового напряму, а далі — і його визнання. Але чим швидше ви приєднаєтеся до цієї подорожі, тим більший слід ви зможете залишити.

У кожній науці ви маєте можливість запропонувати нові рішення. А в нашому випадку — це інноваційні рішення для нових інноваційних рішень. Наскільки дивно воно звучить, настільки ж і надихаюче. Ви вже не просто користувач наших знань і скілів – ви відкривач концептів і творець інструментів майбутнього.

Отримуваний досвід можете описувати в статтях і надіслати нам для публікації на нашому порталі. Також можете публікуватися і на інших порталах у сфері концептології. Можете писати не лише статті, а й книги. Досліджуючи нові концептуальні області, можете розповсюджувати свої унікальні висновки й таким чином робити наше ком'юніти більш багатогранним та максимально активним.

Можливо, вам не вистачає однодумців. Тоді ви можете знайти клуб концептологів у своїй країні або місті. А якщо такого ще не існує, то ви можете його заснувати. Зв'язуйтеся з нами через офіційні джерела, і ми обов'язково допоможемо в його створенні та розвитку. Ви можете використовувати наші відкриті матеріали для перекладу іншими мовами, розповсюджувати їх через нові сторінки в соціальних мережах, власні веб-сайти, ютуб-канали і як завгодно інакше. Я тільки ЗА розповсюдження. Це і є моя місія в цьому, поки що новому, науковому напрямі. Беріть усі безкоштовні матеріали та поширюйте їх будь-якими способами, використовуючи будь-які канали, роблячи зрозумілішими та доступнішими для всього людства. Найголовніше, щоб дотримувалося авторське право першоджерел.

Насамкінець скажу ось що: не бійтеся експериментувати й піддавати сумніву все, що вас оточує. У пошуках істини знаходьте її, але сумнівайтеся навіть у ній. А потім шукайте нові істини, у які вірять інші, і намагайтеся їх теж зрозуміти. Дивіться на звичні речі через призму незвичного.

Регулярно робіть мої вправи й діліться зі своїми друзями або учнями. Також поділіться і своїми успіхами в соціальних мережах та на інших ресурсах. Не бійтеся починати чи пропонувати щось нове, навіть якщо це здається дивацтвом. Саме з цього потім виходять найбільш вибухові відкриття!

І хочу додати, що так з такою силою, як я вірю в концептологію та в її потенціал, такою мірою я вірю в кожного, кого захопила ця книга й наука в цілому. Тому знайте, що ви не самотні!

ВИКОРИСТАНІ ДЖЕРЕЛА ТА ЛІТЕРАТУРА

http://crydee.sai.msu.ru/ak4/Chapt_2_35.

https://lexicography.online/etymology/a/астра

http://old.ihst.ru/aspirans/astronomyia.htm#_Toc100630698

https://sites.google.com/site/astronomia2410/home/our-story-1

http://www.inggu.ru/upload/lectures/лекции%20по%20астрономии%202020 %20-%20физика.pdf

http://mmf.pskgu.ru/ebooks/astros/9608_G.pdf

https://starcatalog.ru/osnovyi-astronomii/vidyi-astronomii-i-ih-podrobnoe-opisanie

http://window.edu.ru/catalog/pdf2txt/952/20952/4165

https://classes.ru/all-russian/dictionary-russian-foreign2-term-4659.htm

https://www.efremova.info/word/klub.html

http://ruka-na-pulse.ru/news/detail.php?ID=709

http://noskol-crb.belzdrav.ru/psikhologicheskaya-pomoshch/stress-i-distress-.php

https://medcentr.zp.ua/what-is-stress/

http://mopnd.ru/index.php/depressiya/stress

https://www.smclinic-spb.ru/sm-info/1628-stress-po-polochkam

https://openknowledge.worldbank.org/bitstream/handle/10986/13807/55403Russian.pdf?sequence=3&isAllowed=y

https://militaryarms.ru/vedomstva-i-organy-upravleniya/vsemirnyj-bank

https://www.vsemirnyjbank.org/ru/about/history

https://osvita.ua/vnz/reports/bank/19823

https://www.hneu.edu.ua/shho-take-svitovyj-bank

https://anews.com/novosti/121835070-vsemirnyj-bank-chto-jeto-takoe-gruppa-vsemirnogo-banka-i-rossija.html

https://militaryarms.ru/vedomstva-i-organy-upravleniya/vsemirnyj-bank/#h2_2

http://www.sovslov.ru/tolk/gazon.html

https://educalingo.com/ru/dic-en/grass

http://gazoni.com.ua/pages/view/istoriya_gazona

https://samaragazon.ru/istoriya-gazonov

https://igazon.ru/article/zachem-nuzhen-gazon

http://www.seeds.ru/art-38-interesnaya-statya-pro-gazony-istoriya-poyavleniya-htm

https://dictionary.cambridge.org/ru
https://samaragazon.ru/upload/iblock/ros/Roman_o_rose.pdf

https://lexicography.online/etymology/

http://samdizajner.ru/obzor-naibolee-populyarnyx-vidov-gazona-ustrojstvo-gazonov-i-foto.html

https://mirgazon.ru/blog/istoriya-poyavleniya-gazonov

http://www.seeds.ru/art-38-interesnaya-statya-pro-gazony-istoriya-poyavleniya-htm

https://classes.ru/all-russian/russian-dictionary-Vasmer-term-2342.htm

http://ztchess.inf.ua/?p=4262

https://historygames.ru/nastolnyie-igryi/istoriya-go.html

http://www.gambiter.ru/go/item/159-history.html

https://sites.google.com/site/4kursmath/igry-i-matematika/istoria-igry-go

https://www.sente.ru/ob-igre-go/

http://wmsg.ru/go/go-equipment/

https://clubgo.ru/go-and-ai/

https://burunen.ru/news/society/58807-go-samaya-uvlekatelnaya-igra-v-mire/

https://kuking.net/10h.htm

https://receptino.ru/141-istoriya-kulinarii

https://dom-eda.com/Lyalya/2013/12/13/istoriya-vozniknoveniya-i-razvitiya-kulinarii.html

https://cookzametki.com/

https://makeitshow.com.ua/ru/news/kto-pridumal-zvezdi-mishlen-i-za-chto-ih-na-samom-dele-dayut
http://priprava.by/istorija-pojavlenija-prjanostej-i-specij/

https://biletsofit.ru/blog/kulinariya-kak-iskusstvo-bitva-za-shedevr

http://vovet.ru/q/proishozhdenie-slova-kulinariya-kak-ono-popalo-v-russkij-yazyk-2y3.html

https://snob.ru/style/istoriya-naruchnyh-chasov/

https://juvelirum.ru/vidy-juvelirnyh-izdelij/yuvelirnye-izdeliya-chasy/istoriya-naruchnyh-chasov

https://montre.com.ua/novosti/istoriia-naruchnyh-chasov

https://www.breguet.com/ru/

http://www.sekunda22.ru/informatsiya-o-chasakh/131820/

https://chasik.com.ua/news/kak-poyavilis-pervye-naruchnye-chasy-istoriya-vozniknoveniya-hranitelej-vremeni/

https://elemian.medium.com

https://316.watch/blog/istoriya-naruchnykh-chasov/

https://www.optix.su/blog/istorija-solncezashhitnyh-ochkov/

https://refaced.ru/blog/pervye-solntsezashchitnye-ochki.html

https://happylook.ru/blog/solntsezashchitnye-ochki/istoriya-solntsezashchitnykh-ochkov/

https://zaidiuvidish.ru/o-poleznom-i-krasivom/istoriya-solntsezaschitnyih-ochkov

https://happylook.ru/blog/solntsezashchitnye-ochki/istoriya-solntsezashchitnykh-ochkov/

https://www.marieclaire.ru/moda/ot-gladiatorov-k-aviatoram-istoriya-solntsezaschitnyih-ochkov/

https://lexicography.online/etymology/д/деньги

http://tolkslovar.ru/d2104.html

https://kartaslov.ru/значение-слова/деньги

https://arzamas.academy/courses/74

https://www.popmech.ru/technologies/6419-tverdaya-valyuta-dengi-dengi-dengi/

https://fortrader.org/eto-interesno/kak-poyavilis-dengi.html

https://investingnotes.trade/kak-poyavilis-dengi.html?_cf_chl_jschl_tk_=30a1266f85bbe087bfdeac59a5f8e812db163ea0-1613655973-0-AYBi4w8IReJqfXHdKzsV02J6VNVmS1VsFJ_N0W8AIf8XIOPgdl2aW03MudVY8kvupJ1F_ycQHkiTP2B3-v3A5mZ0C6X1HKo_ykPo2hwFuy8Pi_4TnN6RDqm_k0OVNjHPHOx5qSDBkKL78BT3dm7_lYeP2frztnoyLdNvLmebOr3rp4AWvyAk5sGlPFP3Udy7R6gNGAJD8D9qT_GTXcFiX7UYEf8zsog9nsE9mjrzuv_c9twLFWYE-t-z2T2KHK_ucbVN7pvbgH9-90DMUg7-07npLXlWSDj9MzYFFZdjcAdObhjK97l-ZeKm9oIC3a-E4C-8YIoE1AdZqjO8PbukAuI

https://fostylen.com/archive/gde-i-kogda-pojavilis-pervye-dengi/

https://www.monetnik.ru/obuchenie/numizmatika/istoriya-deneg/

https://vtbrussia.ru/tech/tri-pistolya-pyat-eskudo/

https://infoekonomika.ru/ehkonomicheskie-discipliny/investicii/fondovye-birzhi-istoriya-vozniknoveniya-status-razvitie/

https://articlekz.com/article/4578

http://www.aup.ru/books/m225/5_1.htm

https://nettrader.ru/article/slovar/

https://classes.ru/all-russian/russian-dictionary-Vasmer-term-928.htm

https://ecanet.ru/word/%D0%91%D0%B8%D1%80%D0%B6%D0%B0

https://portal.tpu.ru/SHARED/m/MIKITINA/Teaching_materials/Tab1/Stock_exchange.pdf

https://kakrasti.ru/investisii/dlya-novichka/istoriya-vozniknoveniya-fondovogo-rynka-kak-poyavilis-pervye-birzhi/

https://ffin.ua/ru/blog/articles/investopediia/post/istoriia-birzhovoi-torhivli

http://www.bibliotekar.ru/finance-3/86.htm

http://ymadrodd.blogspot.com/2015/08/kredit.html

https://ecanet.ru/word/

https://classes.ru/all-russian/russian-dictionary-Vasmer-term-6100.htm

https://www.kommersant.ru/doc/2883972

http://tristar.com.ua/2/rdoc/istoriia_kreditovaniia.html

https://globalcredit.ua/novosti/kto-pridumal-kredity-istoriya-kreditovaniya-ot-drevnih-vremen-do-20-veka

https://discovered.com.ua/glossary/istoriya-kredita/
https://credits.su/magazine/others/istoriya-kredita-prichiny-po-kotoryim-voznik-kredit/

https://www.banki.ru/wikibank/istoriya_kredita/

https://globalcredit.ua/novosti/kto-pridumal-kredity-istoriya-kreditovaniya-ot-drevnih-vremen-do-20-veka

https://mebel-news.pro/articles/the-history-of-furniture/table-history-ancient-tables-and-their-modern-counterparts/

https://faqed.ru/history-historical-notes/stul-istoriia-proishozhdeniia.htm

https://sites.google.com/site/muzejistoriizilisa/stolovaa/isto

ria-vozniknovenia-stulev

http://www.tsuricom.com.ua/publ/5–1–0–108

http://ec-dejavu.ru/s/Stol.html

https://mebel-news.pro/articles/the-history-of-furniture/table-history-ancient-tables-and-their-modern-counterparts/

https://lexicography.online/etymology

https://www.znajkino.ru/english_rus_chair.htm

https://tvorcheskie-proekty.ru/node/695

https://fastpost.org/at/blog/istoriya_vozniknoveniya_stula_v_ochen_kratkom_izlojenii

https://faqed.ru/history-historical-notes/stul-istoriia-proishozhdeniia.htm

https://billionnews.ru/3969-istoriya-vozniknoveniya-stulev-11-foto.html

https://kartaslov.ru/значение-слова/каблук

http://что-означает.рф/каблук

https://lexicography.online/etymology/к/каблук

http://cocktail-shoes.ru/?show_aux_page=35

https://www.spletnik.ru/blogs/govoryat_chto/142853_kak-poyavilsya-kabluk
https://itaita.ru/news/istoriya_vozniknoveniya_kabluka

https://www.vokrugsveta.ru/quiz/566

https://itaita.ru/news/istoriya_vozniknoveniya_kabluka

http://nakonu.com/2015/09/21738

https://respect-shoes.ru/articles/kto-pridumal-kabluki/

https://www.vogue.ru/fashion/news/pochemu_zhenschiny_tak_polyubili_tufli_na_shpilke

http://www.dancedance.ru/soveti-novichkam/tancevalnaya-obuv.html

http://www.danceduet.ru/index.php/poleznye-sovety/vidy-kablukov

https://danceshop.ru/poleznaya-informatciya/vysota-i-forma-kabluka-dlya-tantsev

https://www.marieclaire.ru/moda/obuvnoy-slovar-10-vidov-prekrasnyih-kablukov/

https://burdastyle.ru/stati/7-vidov-kablukov-o-kotoryh-polezno-znat-/

https://oknasmart.ru/slovar_terminov/okno-etimologiya-slova

https://www.stroypraym.ru/2011-07-04-13-26-35/okna-dveri/2040-kak-poyavilis-okna-v-domah.html

https://hatka.org/articles/pridumanyi-plastikovyie-okna/

https://www.yrossi.ru/istoriya-sozdaniya-okon.html

https://lexicography.online/etymology/krylov

https://ornet.com.ua/articles/okonnaya-istoriya.html

http://www.vashdom.ru/articles/fenstr_3.htm

https://oknakr.dp.ua/stati/kogda-poiavilis-stekla-v-oknah

https://mirnovogo.ru/okno/

https://lexicography.online/etymology/vasmer/л/ложка

https://villagrazia.ua/blog/cutlery-history

https://autogear.ru/article/276/829/vilka---eto-znacheniya-i-proishojdenie-slova-vilka-primeryi-upotrebleniya/

https://foodandmood.com.ua/rid/news/709423-vilki-da-lozhki-kak-poyavilis-stolovye-pribory
https://vazaro.com/forcustomers/articles/720/

https://ekodomus.ru/blog/raznoe/istoriya-stolovykh-priborov/

https://bellezza-storia.livejournal.com/63664.html
https://lifestyle.segodnya.ua/lifestyle/fun/kak-vy-dorogi-k-obedu-istoriya-stolovyh-priborov-652465.html

http://www.koryazhma.ru/usefull/know/doc.asp?doc_id=114

https://lexicography.online/etymology/в/вилка

http://www.endic.ru/rusethy/Vilka-4488.html

http://endic.ru/rusethy/Nozh-2322.html
https://classes.ru/all-russian/russian-dictionary-Vasmer-term-8468.htm

https://lexicography.online/etymology/н/нож

https://kedem.ru/various/istoriya-stolovyh-priborov/

https://foodandmood.com.ua/rid/news/709423-vilki-da-lozhki-kak-poyavilis-stolovye-pribory

https://lexicography.online/etymology/
https://www.hisour.com/ru/origin-of-the-umbrella-china-umbrella-museum-48261/
https://hystoryfashion.ru/

http://xn----dtbjalal8asil4g8c.xn--p1ai/galantereya/istoriya-z

onta.html

http://endic.ru/enc_fashion

http://endic.ru/enc_ancient

https://librebook.me/the_post humous_papers_of_the_pickwic k_club/vol1/1

http://blog.aquamir.kiev.ua/

https://kartaslov.ru

https://vencon.ua/articles/isto riya-kondicionera-sozdanie-i-r azvitie-otrasli

https://tehnikaland.ru/klimati cheskaya-tehnika/istoriya-kon ditsionerov.html

https://www.amegaklimat.ru/ polezno/tekhnologii/kto-i-v-ka kom-godu-izobrel-konditsioner /

https://euroclimat.ru/presscen ter/articles/88/

https://zoom.cnews.ru/publica tion/item/2037

http://scsiexplorer.com.ua/ind ex.php/istoria-otkritiy/1830-is torija-konditsionera.html
http://www.berlogos.ru/articl e/sredneaziatskie-portaly-sred nevekovye-kondicionery/

https://otvetus.com/chto-delal i-drevnie-civilizacii-chtobi-sohr anyat-hladnokrovie-te-ispolzov alis-li-primitivnie-formi-kondic ionirovaniya-vozduha-i-prodol zhali-li-oni-ispolzovatsya-v-sre dnie-veka-epohu-vozrozhdeniy a-i-t-d-93652

http://5klass.net/informatika-6-klass/noutbuka/003-Proiskh ozhdenie-slova-noutbuk.html

https://kartaslov.ru

https://ref.ua/articles/istoriya -razvitiya-pk-ot-ogromnogo-sh kafa-do-sovremennogo-kompy utera-za-75-let/

https://www.dw.com/ru/как-лень-заставила-немца-изобр ести-первый-компьютер/a-5 732057

https://shalaginov.com/2019/ 08/16/6268

https://ichip.ru/tekhnologii/ist oriya-kompyutera-ot-kalkulyat ora-do-kubitov-245122

http://marsiada.ru/357/465/7 28/notebook/

https://24smi.org/news/2611 4-kto-i-kogda-izobrel-pervyj-n outbuk-v-mire_facts.html

https://hi-news.ru/banderolka /kratkaya-istoriya-pochty-chas t-pervaya-ot-signalnyx-kostrov -do-nashix-dnej.html

http://postlite.ru/history_post. html

http://fmus.ru/article02/Sorki n.html#A12

http://mirmarok.ru/book/gl01 .htm

https://icgol.ru/raznoe/lyubop yitnyie-faktyi-iz-istorii-golubin oy-pochtyi.html

https://world-post.org/rus/no vost/?n=9

http://post-marka.ru/stati/gol ubinaya-pochta-odin-iz-sposob ov-pochtovoy-svyazi.php

https://agronomu.com/bok/70 35-kak-ranshe-rabotala-golubi naya-pochta.html

https://habr.com/ru/company /megafon/blog/192638/

https://ria.ru/20130129/9201 19858.html

https://www.arthuss.com.ua/b ooks-blog/istoriya-feykovykh-n ovyn

https://vm.edupressa.ru/gazet a/otkrytyj-urok/fabrika-novost ej-gazetnyj-mir-stolits/

https://newstyle-mag.com/hist ory-of-tv/

https://журналистика-обучен ие.рф/vsya-istoriya-smi/

https://newstyle-mag.com/hist ory-of-press/

https://dic.academic.ru/dic.nsf /ruwiki/293062

https://knife.media/what-is-ju stice/

https://skepdic.ru/wp-content /uploads/2013/05/4263Nozik. anarchy_state_utopia.pdf

https://glosum.ru/

https://gtmarket.ru/library/ar ticles/2663

https://kartaslov.ru/

https://iphlib.ru/library/collec tion/newphilenc/document/H ASH9f5facde7eb2c0a9b05e9f

https://www.kom-dir.ru/articl e/2849-kollaboratsiya

http://www.fingramota.org/te oriya-finansov/ustrojstvo-fin-si stemy/item/830-federalnaya-r ezervnaya-sistema-ssha-istoriy a-razvitiya-tseli-i-zadachi

https://dic.academic.ru/dic.nsf /ruwiki
https://www.economics.kiev.u a/index.php?id=1022&view=a rticle#jef

https://vc.ru/finance/117361-frs-ssha-kak-ustroen-samyy-vli yatelnyy-centrobank-mira

https://www.banki.ru/wikiban k/federalnaya_rezervnaya_siste ma/

https://berg.com.ua/world/fed eral-reserve/

https://smart-lab.ru/blog/626 36.php

https://goldenfront.ru/articles/view/25-bystryh-faktov-o-federalnom-rezerve-kotorye-vy-dolzhny-znat/

shubki.info/kozhanaya-moda/kozhanaya-obuv/103-istoriya-obuvi-ot-drevnosti-do-nashih-dney.html

https://fishki.net/2406424-kuda-propali-chistilywiki-obuvi.html

https://fishki.net/2406424-kuda-propali-chistilywiki-obuvi.html

https://lisette-paris.livejournal.com/20862.html

https://fortrader.org/eto-interesno/moment-dzhozefa-kennedi-ili-istoriya-o-chistilshhike-obuvi.html

https://zen.yandex.ru/media/id/5b0f7d30380d8fbc708f1340/vymiraiuscie-professii-chistilscik-obuvi-5d064256c8a6920d90258434

https://aif.by/vybor/moda/tufelki_s_bleskom_kuda_podevalis_chistilshchiki_obuvi

https://wisecow.com.ua/zhurnalistika/zhurnalistika-v-kino/newspaper-boys.html

https://www.m24.ru/articles/gazety/23082013/24134

https://arzamas.academy/materials/359

2018-2021,
автор книги:

©Tar Sahno

2020-2021,
менеджер проєкту:

Yana Berezhetskaya

2020-2021,
головний копірайтер:

Anastasia Lavender

2021.
автор обкладинки:

©Alejandro Baigorri

2021,
ілюстратор:

©Aleksandra Gammer

Особлива подяка за сприяння в створенні книги:

- Anatolii Uvarov
- Mikalai Kind
- Kristina Sallum
- Eva Vysotska
- Kirill Kaftanik
- Evgeniia Manucharova
- Grant Igitkhanyan
- Olessya Bondar
- Ekaterina Altynnikova
- Roza March
- Ishkhan Badalyan

www.ingramcontent.com/pod-product-compliance
Lightning Source LLC
Chambersburg PA
CBHW080552270326
41929CB00019B/3274